改訂新版

初級英語音声学

竹林 滋・清水あつ子・斎藤弘子 [共著]

CD付

大修館書店

まえがき

　1991年に刊行された『初級英語音声学』は，わかりやすい英語音声学入門書として多くの教室で活用していただいてきたが，初版以来22年の間には世界における英語の占める位置にも，また英語自体にも変化が認められ，同時に音声学の研究にも大幅な進歩があった。
　これらの事実を反映し，かつ入門書として体系的でありつつも，さらにわかりやすいものを世に出したいという考えから，清水・斎藤が恩師である竹林滋先生の監修のもとに数年前から入念な改訂作業を行ってきた結果が本書である。残念ながら先生は刊行を待たずに2011年3月に急逝されたが，その後も清水と斎藤が細部まで検討を重ねて，この度ようやく刊行の運びとなった。
　改訂にあたっては，次のような方針で臨んだ。
　(1) 旧版の構成要素は必要かつ十分なものであるのでそのままとしたが，章の順序は大幅に変更した。「つづり字と発音」「音素」は，実際に教えた経験から早期導入の必要性が痛感されるので第2章・第3章とし，また母音よりは子音のほうが入門者には理解しやすいという認識から，母音よりも子音を先に置いた。
　(2) 内容においては，詳細すぎると思われる箇所を簡略化し，初版にあったイギリス発音に関する言及を割愛して，記述をアメリカ発音のみとした。また代表的な例語の示し方も視覚的に訴える方法をとるなど，見やすさにも最大限の配慮を行った。練習問題も大幅に改訂し，単語だけでなく文の形での聞き取り問題を用意して，いっそうの充実を図った。
　(3) 本書の大きな特色は，2枚の付属CDである。これによって，教室以外でも音声を繰り返し聴いて学習効果を高めることが可能となり，また独学で英語音声学を学ぼうという読者にも大きな助けとなるはずである。

上記のような記述内容の大幅な取捨選択の結果，入門書として不可欠な内容は保ちつつ，総ページ数は初版の4分の3とすることができた。これにより，限られた授業時間の中で「積み残し」なく活用していただける平易な音声学書ができたと確信している。

　最後に，大修館書店の金子貴氏ならびに初版でもお世話になった康駿氏のご尽力に心より御礼申し上げます。

　　2013年9月

　　　　　　　　　　　　　　　　　　　　著者　清水あつ子
　　　　　　　　　　　　　　　　　　　　　　　斎藤　弘子

付属 CD について

- 本書にはオーディオ CD が 2 枚付いています。
- 🎧 のマークがついている部分は，付属 CD に録音されています。
- 🎧 マークの下に付けた番号は CD のトラック番号です。例えば，1-1 は DISC 1 のトラック 1，2-1 は DISC 2 のトラック 1 を表します。
- Repeat の指示のある Exercise では，1 語または 1 文ごとに繰り返し用のポーズが入っています。また，{ でくくってあるものは，縦にペアあるいはグループになっている複数の語が比較できるよう，グループごとに録音されていて，繰り返し用のポーズはそのあとに入っています。違いをよく聴いてから繰り返してください。
- 吹き込み者はアメリカ，オクラホマ州出身です。

付属 CD 吹き込み協力者

Matthew K. Miller（東京外国語大学特任講師）

目　　次

まえがき ……………………………………………………………… iii
音声記号表 …………………………………………………………… xi

1. 現代英語の標準発音 ……………………………………………… 3
英語の方言…3　学習者は何を手本とすべきか…4

2. つづり字と発音 …………………………………………………… 5
母音字と子音字…6　子音字の読み方…6　子音字の組み合わせ…6　あっても読まれない子音字…6　母音字の「短音」と「長音」…7　子音字で単語が終わるとき…7　母音字＋子音字＋eで単語が終わるとき…7　母音字＋母音字の読み方（その1）（その2）…8　母音字＋r…8　母音字＋r＋eで単語が終わるとき…9　母音字＋母音字＋r…9　2つ重なった子音字…9　重子音字の前は短音…10

3. 音素 ………………………………………………………………… 11
音素とは…11　異音…11　音素体系…13

4. 子音 ………………………………………………………………… 15

子音の分類 ── 15

子音分類の基準 ── 15
1.声の有無による分類…15　2.調音位置による分類…18
3.調音様式による分類…18

英語の子音
閉鎖音 ── 21

気音…21　開放の省略…22　無声化…23

1./p/…24　2./b/…25　3./t/…26　4./d/…28　5./k/…29

6. /g/ … 30

摩擦音 ―― 31

1. /f/ … 32 2. /v/ … 33 3. /θ/ … 34 4. /ð/ … 35 5. /s/ … 36
6. /z/ … 38 7. /ʃ/ … 40 8. /ʒ/ … 42 9. /h/ … 43

破擦音 ―― 45

1. /tʃ/ … 46 2. /dʒ/ … 47

鼻音 ―― 49

1. /m/ … 50 2. /n/ … 51 3. /ŋ/ … 53

側音 ―― 54

/l/ … 54

　明るいlと暗いl … 54　/l/の前の母音 … 55

半母音 ―― 57

1. /j/ … 57 2. /w/ … 59 3. /r/ … 61

5．母音 ―――――――――――――――――― 65

母音 … 65　基本母音 … 66

英語の母音

強母音と弱母音 ―― 69

抑止母音と開放母音 ―― 70

短母音 ―― 71

1. /ɪ/ … 72 2. /ɛ/ … 73 3. /æ/ … 74 4. /ɑ/ … 75 5. /ʌ/ … 76
6. /ʊ/ … 78

長母音 ―― 79

1. /iː/ … 80 2. /ɑː/ … 82 3. /ɒː/ … 83 4. /uː/ … 85 5. /əː/ … 86

二重母音 ―― 88

二重母音とは … 88　英語の二重母音 … 88

1. /eɪ/ … 90 2. /aɪ/ … 91 3. /ɔɪ/ … 92 4. /aʊ/ … 93
5. /oʊ/ … 94 6. /juː/ … 95 rの二重母音 … 96 7. /ɪɚ/ … 97
8. /ɛɚ/ … 98 9. /ɑɚ/ … 99 10. /ɔɚ/ … 100 11. /ʊɚ/ … 101

弱母音 ―― 102

1. /i/ … 103 2. /ɪ/ … 104 3. /ə/ … 105 4. /jʊ/ … 106
5. /ɚ/ … 107

半弱母音 —— *108*

6．音の連続 ——————————————————————— *109*

　　音節 —— *109*

　　きこえ度…*109*　音節主音…*110*　開音節と閉音節…*111*　音節主音的子音…*111*　鼻腔破裂…*112*　側面破裂…*112*

　　音節内の子音の結合 —— *113*

　　単語間の音連続 —— *114*

　　音の脱落 —— *115*

　　同化 —— *116*

7．アクセント ——————————————————————— *119*

　　英語のアクセント・日本語のアクセント —— *119*

　　語アクセント —— *121*

　　接辞と語アクセント —— *122*

　　複合語アクセント —— *124*

　　句アクセント —— *126*

　　文アクセント —— *128*

　　強形と弱形 —— *131*

8．リズム ———————————————————————— *135*

　　音節を基本単位とする日本語のリズム…*135*　アクセントを基本単位とする英語のリズム…*135*　英語のアクセント型…*136*　アクセントの移動…*137*

9．イントネーション ——————————————————— *139*

　　音調群 —— *139*

　　音調群の構成 —— *140*

　　音調の種類 —— *141*

　　各音調の用法 —— *143*

　　下降調の用法…*143*　上昇調の用法…*143*　下降上昇調の用法…*145*

　　特殊なイントネーション —— *146*

1. 核が音調群の最後の内容語ではない例…146   2. 付加疑問文のイントネーション…148

索引 ……………………………………………………………………… 151

◆コラム◆

本書での例語の示し方…10
/ /と[ ]，どっちがどっち？…12
有声か無声かを知る方法 (1)…17
有声か無声かを知る方法 (2)…20
気音の有無を確かめる方法…22
過去形の-ed の発音 (1)…27
過去形の-ed の発音 (2)…28
軟らかい c と硬い c…29
軟らかい g と硬い g…30
名詞の複数形，所有格，動詞の三人称単数現在の発音 (1)…37
名詞の複数形，所有格，動詞の三人称単数現在の発音 (2)…39
日本語の「ヂ」と「ジ」…48
日本語の「ン」…49
アメリカで電球を買うには…56
母音の印象…68
発音記号の名前――母音記号 (1)…72

u の短音…77
発音記号の名前――母音記号 (2)…78
Say cheese!…81
弁護士はウソつき？…82
/ɒ:/の記号…84
かぎつきのシュワー…87
I と愛――歌に見る日英語の二重母音の違い…89
狭い二重母音と広い二重母音 (1)…91
boy はボーイで toy はトイ？…92
狭い二重母音と広い二重母音 (2)…93
母音の後の r…96
/ʊɚ/の発音あれこれ…101
behind はバハインド？…104
強母音と弱母音の関係…106
語強勢の予測大作戦…125
リズムのために語をはさむ…138

音声記号表

母音			子音		
	記号	例語		記号	例語
短母音	/ɪ/	pit/pít/	閉鎖音	/p/	pet/pɛ́t/
	/ɛ/	pet/pɛ́t/		/b/	big/bíg/
	/æ/	pat/pǽt/		/t/	tea/tíː/
	/ɑ/	pot/pɑ́t/		/d/	day/déɪ/
	/ʌ/	cut/kʌ́t/		/k/	kick/kík/
	/ʊ/	book/bʊ́k/		/g/	give/gív/
長母音	/iː/	east/íːst/	摩擦音	/f/	face/féɪs/
	/ɑː/	father/fɑ́ːðɚ/		/v/	very/vɛ́ri/
	/ɒː/	law/lɒ́ː/		/θ/	think/θíŋk/
	/uː/	choose/tʃúːz/		/ð/	this/ðís/
	/ɚː/	bird/bɚ́ːd/		/s/	six/síks/
				/z/	zoo/zúː/
二重母音	/eɪ/	game/géɪm/		/ʃ/	ship/ʃíp/
	/aɪ/	ice/áɪs/		/ʒ/	vision/víʒən/
	/ɔɪ/	noise/nɔ́ɪz/		/h/	hat/hǽt/
	/aʊ/	out/áʊt/	破擦音	/tʃ/	cheap/tʃíːp/
	/oʊ/	go/góʊ/		/dʒ/	joy/dʒɔ́ɪ/
	/juː/	cute/kjúːt/			
rの二重母音	/ɪɚ/	ear/íɚ/	鼻音	/m/	make/méɪk/
	/ɛɚ/	air/ɛ́ɚ/		/n/	nice/náɪs/
	/ɑɚ/	arm/ɑ́ɚm/		/ŋ/	sing/síŋ/
	/ɔɚ/	four/fɔ́ɚ/	側音	/l/	leaf/líːf/
	/ʊɚ/	poor/pʊ́ɚ/			
弱母音	/i/	happy/hǽpi/	半母音	/j/	yes/jɛ́s/
	/ɪ/	habit/hǽbɪt/		/w/	week/wíːk/
	/ə/	banana/bənǽnə/		/r/	red/rɛ́d/
		status/stéɪtəs/			
		lemon/lɛ́mən/			
		element/ɛ́ləmənt/			
		April/éɪprəl/			
		popular/pɑ́pjʊlɚ/			
	/jʊ/	teacher/tíːtʃɚ/			
	/ɚ/	grammar/grǽmɚ/			
		forget/fɚgɛ́t/			
		Saturday/sǽtɚdèɪ/			

アクセント記号
/ ́/ 第一アクセント
/ ̀/ 第二アクセント
　examination/ɪgzæ̀mənéɪʃən/

改訂新版

初級英語音声学

1. 現代英語の標準発音

英語の方言

　英語の発音には，様々な方言差がある。アメリカ英語，イギリス英語，オーストラリア英語というように，話されている国の名前によって発音の種類を分けることがあるが，実際にはそれぞれの国の中でさらに地域，社会階級，性別，年齢などによる違いが無数に存在し，場合によっては同じ「英語」を話しているはずなのに互いに通じないほど発音が異なることもある。

　英語を母語とする，いわゆる「英語のネイティブスピーカー」は，アメリカ合衆国，カナダ，イギリス，アイルランド，オーストラリア，ニュージーランド，インドの一部，南アフリカなどの人々で，その数は約4億人である。しかし，英語が「国際語」として地球規模で使用されるようになった今，これらネイティブスピーカーたちの数をはるかに上回る10億人以上ともいわれる人たちが，第二言語または外国語として，ビジネスや勉学の場面で英語を使っている[1]。こんにち，英語はLingua Franca（リングア・フランカ＝共通語）として，非ネイティブスピーカー間で話されることのほうがネイティブスピーカーどうしで使用されることよりずっと多いのである。外国語として学習した言語は母語の干渉を受けることが多く，発音にも母語の影響が見られるのが普通である。そのため，共通語としての英語では，使用者の母語の数だけ異な

---

[1]　British Council による。

った発音が聞かれることになるわけで，実際ここでもまた互いに通じないほど異なることがある。

学習者は何を手本とすべきか

このような状況を受けて，英語学習者は最低限通じるような発音を身につければよいと，Lingua Franca 専用の発音を提唱する研究者[2]も出てきたが，学習者のほうは「ネイティブ英語」を身につけたい，と考えることが多いようである。

「ネイティブスピーカー」の英語といっても，すでに述べたように無数にある変種の中からどれを手本とすべきか決めなければならないが，アメリカなりイギリスなり，「国」を決めたとしても，いずれの地域にも唯一の標準発音というものは存在しない。

イギリスには Received Pronunciation（容認発音）もしくは BBC English（BBC 英語）[3]と呼ばれる発音があるが，話者の数は国民全体の4％前後といわれ，非常に少ない。

アメリカとカナダからなる北アメリカ地域は，広大な土地からなっているわりにはイギリス英語ほどの方言差はない。しかし，それでも地域によってかなり異なる発音が聞かれる。アメリカでもまた唯一の標準語というものは決められていないが，General American（一般米語。東は大西洋岸の中部地域から，西は太平洋岸までの広い地域で話されている英語）もしくはこれを元にした，テレビやラジオのアナウンサーが使う Network English（放送網英語）が，日本の学校を含め教育の現場では手本とされている。

本書では，このアメリカの Network English の発音を主として扱うこととし，必要なときは日本語の発音と対照させながら説明する。

---

[2] Jenkins, J. *The Phonology of English as an International Language*. Oxford University Press, 2000.
[3] BBC は British Broadcasting Corporation の略で，英国の公営放送。

2. つづり字と発音

　英語のつづり字と発音の関係は，アルファベットを用いる他の言語に比べると非常に複雑で，例えば a の文字は c*a*t, c*a*ke, f*a*ther, *a*bout でそれぞれ違う読み方をするし，また c*a*ke, br*ea*k, pl*ay*, r*ai*n, th*ey*, v*ei*l を見ると，6通りものつづり字が同じように /eɪ/ と読まれることがわかる。これでは，英語のつづり字の読み方は一つひとつの単語ごとに記憶していかなくてはならないような気がするかもしれない。

　しかし，英語圏の子供たちが読み書きを習得できるということは，英語のつづり字と発音の間にはある程度の規則性が存在することの証拠であり，外国人であるわれわれもその規則性を身につけることができれば，大半の英語の単語の読み方はわかるようになるのである。

　本書では第4章以降，音声器官の仕組みや個々の音の発音のしかたを学んでいくわけだが，もしつづり字の読み方がわからなければ，それらの音をいつ発音したらよいのかわからず，せっかく学んだことも役に立たないだろう。この章では，これから学ぶ英語音声学の知識を有効に生かせるように，つづり字と発音のルールの中から基本的なものだけを選んで学習する。専門的な記号はできるかぎり使用しないで記述を行うが，ある程度の使用は避けられないので，馴染みのない記号があったら第4章以下の指示された箇所を参照すること。

母音字と子音字

　英語のアルファベット 26 文字のうち a, e, i, o, u を母音字，その他を子音字と呼ぶが，y は母音字にも子音字にも使われる。英語の歴史の中でも，母音に比べると子音の発音にはそれほど大きな変化が生じなかったために，子音字には規則的な発音のものが多い。

《ルール 1》 子音字の読み方

　次の子音字には決まった読み方がある：

b/b/：*b*ig	**l**/l/：*l*and	**t**/t/：*t*ime
d/d/：*d*ay	**m**/m/：*m*an	**v**/v/：*v*oice
f/f/：*f*ace	**n**/n/：*n*ice	**w**/w/：*w*ay（母音字の前）
h/h/：*h*ot	**p**/p/：*p*en	**x**/ks/：bo*x*
j/dʒ/：*j*ust	**r**/r/：*r*un（母音字の前）	**y**/j/：*y*es（母音字の前）
k/k/：*k*eep	**s**/s/：*s*et	**z**/z/：*z*oo

《ルール 2》 子音字の組み合わせ

　次のような組み合わせには決まった読み方がある：

ch/tʃ/：*ch*ild	**ng**/ŋ/：so*ng*	**th**/θ/：*th*ing
tch/tʃ/：ca*tch*	**ph**/f/：tele*ph*one	**wh**/(h)w/：*wh*ite
ck/k/：ba*ck*	**qu**/kw/：*qu*een	
dg/dʒ/：bri*dg*e	**sh**/ʃ/：*sh*irt	

《ルール 3》 あっても読まれない子音字

　次のような場合，斜線で消してある子音字は発音しない：

kn-/n/：k̸nife	**-mb**/m/：climb̸
wr-/r/：w̸rite	**-mn**/m/：autumn̸
	-gn/n/：sig̸n
	-bt/t/：doub̸t
	-ght/t/：righ̸t

《ルール4》母音字の「短音」と「長音」

母音字の a, e, i, o, u, y には「短音」と「長音」がある：

短音	長音
ă/æ/：m*a*d	ā/eɪ/：m*a*de
ĕ/ɛ/：p*e*t	ē/i:/：P*e*te
ĭ/ɪ/：b*i*t	ī/aɪ/：b*i*te
ŏ/ɑ/：h*o*p	ō/oʊ/：h*o*pe
ŭ/ʌ/：c*u*t	ū/ju:/：c*u*te
y̆/ɪ/：g*y*m	ȳ/aɪ/：st*y*le

「短音」と「長音」を示すには，それぞれ母音字の上に（˘），（¯）をつける。

《ルール5》子音字で単語が終わるとき

単語の終わりが子音字であれば，その前にある母音字は「短音」となる。

　　例：hăt, lĕt, pĭn, nŏt, hŭg, gy̆m

《ルール6》母音字＋子音字＋e で単語が終わるとき

e で単語が終わっていて，e の前に子音字が1つ，そのまた前が母音字であればその母音は「長音」で，ā は/eɪ/, ī は/aɪ/のように，ȳ 以外はアルファベットの名前と同じ読み方になり，最後の e は発音しない。

　　例：hāte, complēte, pīne, nōte, hūge[1], bȳte

---

1) 長音の u と eu, ew は，現在のアメリカ音では/p/ /b/ /k/ /g/ /f/ /v/ /h/ /m/の後では/ju:/となるが，それ以外の位置では/u:/が普通である（p.95 参照）。

《ルール7》母音字＋母音字またはwの読み方（その1）
　　　　おもな読み方が1つである場合

次のような組み合わせで母音字と母音字が並ぶときには，ほぼ決まった読み方がある：

ee＝ē/iː/：k*ee*p
ie（語中）＝ē/iː/：f*ie*ld
ai＝ā/eɪ/：p*ai*n
ay＝ā/eɪ/：p*ay*
ei＝ā/eɪ/：r*ei*n
ey＝ā/eɪ/：th*ey*
au＝　/ɒː/：s*au*ce
aw＝　/ɒː/：s*aw*　　（/ɒː/の記号については p.84 を参照）

ou＝　/aʊ/：r*ou*nd
oa＝ō/oʊ/：b*oa*t
oi＝　/ɔɪ/：b*oi*l
oy＝　/ɔɪ/：b*oy*
eu＝ū　/juː/[2)]：f*eu*d
ew＝ū　/juː/[2)]：f*ew*

《ルール8》母音字＋母音字またはwの読み方（その2）
　　　　おもな読み方が2つある場合

ea, oo, ow では，下に示したような2通りの読み方のどちらかになるのが普通である：

$\widecheck{\text{ea}}$＝ĕ/ɛ/：h*ea*d　　$\widecheck{\text{oo}}$＝/ʊ/：b*oo*k　　**ow**＝ou/aʊ/：n*ow*
$\overline{\text{ea}}$＝ē/iː/：h*ea*t　　$\overline{\text{oo}}$＝/uː/：p*oo*l　　$\overline{\text{ow}}$＝ō/oʊ/：sn*ow*

この場合も（˘），（ ̄）を使って読み方を示すことができる。

《ルール9》母音字＋r

母音字＋r で単語が終わるとき，または後に子音字が続くときには，母音字とrが合体して規則的な読み方になる。

$\widehat{\text{er}}$＝$\widehat{\text{ir}}$＝$\widehat{\text{ur}}$/ɚː/：t*er*m, th*ir*d, occ*ur*
$\widehat{\text{ar}}$/ɑɚ/：c*ar*　　　　$\widehat{\text{or}}$/ɔɚ/：sh*or*t
（/ɚː/，/ɚ/の記号については p.87 および p.107 を参照）

---

2)　p.7 脚注1)を参照。

《ルール10》母音字＋r＋e で単語が終わるとき

母音字と r が合体して規則的な読み方になる。最後の e は発音しない。

　　are/εɚ/：c*are*　　　　**ire**/aɪɚ/：f*ire*
　　ere/ɪɚ/：h*ere*　　　　**ure**/jʊɚ/：p*ure*

ただし ore は or と同じに/ɔɚ/と発音する。

　　ore/ɔɚ/：m*ore*

《ルール11》母音字＋母音字＋r

次のような組み合わせで母音字＋母音字＋r と並ぶときには，ほぼ決まった読み方がある：

　　eer/ɪɚ/：d*eer*
　　air/εɚ/：h*air*
　　oar/ɔɚ/：b*oar*d
　　our＝**ower**/aʊɚ/：fl*our*, fl*ower*

ear には主な読み方が 2 通りある：

　　$\overline{\text{ear}}$/ɪɚ/：h*ear*
　　$\overset{\frown}{\text{ear}}$/ɚː/：*ear*th

《ルール12》 2 つ重なった子音字

2 つ重なった子音字（重子音字）は 1 つの子音字と同じに発音する：

　　bu*zz*/bʌ́z/, dre*ss*/drέs/, fu*ll*/fʊ́l/, ru*nn*er/rʌ́nɚ/

《ルール 13》 重子音字の前は短音

重子音字の前の母音に強いアクセントがあれば，その母音字は「短音」として読まれる：

　　latter/lǽtɚ/　　　　(later/léɪtɚ/と比較)
　　better/bétɚ/　　　　(meter/míːtɚ/と比較)
　　dinner/dínɚ/　　　　(diner/dáɪnɚ/と比較)
　　hopping/hάpɪŋ/　　　(hoping/hóʊpɪŋ/と比較)
　　supper/sʌ́pɚ/　　　　(super/súːpɚ/と比較)

Quiz 1　下線部分の発音が左のかっこ内の語と異なる 1 語を選びなさい。

　　1. (h<u>o</u>pe)： b<u>oa</u>t　l<u>aw</u>　l<u>ow</u>　m<u>o</u>tor　h<u>o</u>me
　　2. (h<u>or</u>se)： h<u>oar</u>se　fl<u>our</u>　c<u>or</u>d　sh<u>ore</u>　b<u>oar</u>d
　　3. (h<u>ur</u>t)： c<u>ure</u>　g<u>ir</u>l　h<u>ear</u>d　f<u>ur</u>　t<u>er</u>m
　　4. (m<u>e</u>ter)： th<u>e</u>me　th<u>e</u>se　br<u>ea</u>d　p<u>ea</u>ce　p<u>ie</u>ce
　　5. (s<u>au</u>ce)： s<u>aw</u>　kn<u>ow</u>　t<u>augh</u>t　p<u>au</u>se　d<u>aw</u>n

---

◆本書での例語の示し方◆

本書では各音についてのページで，その音を表わすつづり字を周囲より大きく示し，さらにつづり字が規則的かどうかで語全体の大きさも区別している。

例えば/ʌ/（p.76）では，完全に規則的な場合は大きく，

sun cut

不規則ではないが注意すべき場合は中程度で，例外の場合は小さい。

wonder love double

例外：blood does

各音について学びながら，もういちどつづり字と発音のルールを確認していこう。

3. 音素

音素とは

　英語の big という語をできるだけ小さく区切るといくつに分けられるだろうか。英語話者であれば，誰もが b, i, g の3つの部分と答えるに違いない。ここで3つのうち最初の部分を別の音と入れ替えてみると，pig や dig のようになって，まったく意味が違ってしまうことがわかる。同じように2番目の部分を変えると bag や beg となるし，3番目を変えれば bin や bit のように，意味の違う単語になってしまう。

　ある特定の言語において語の意味を区別するはたらきをもった音声上の最小単位を音素(おんそ)（phoneme/fóʊniːm/）と呼び，/ /で囲んで示す。したがって big という語の b, i, g の文字でそれぞれ表わされる音はどれも英語の音素であるから，/ /で囲んで/b/, /ɪ/, /g/のように示す。さらに，上で big の各音素と入れ替わると意味を変えるはたらきを示したそれぞれの音もまた，語の意味を区別する最小の単位であるので，英語の音素として/p/, /d/, /æ/, /ɛ/, /n/, /t/のように書き表わされる。

異音

　音素は話者の意識の中に存在する抽象的な単位で，実際の発話の中で現れる位置が決まって初めて発音することができるが，その位置によって多少違った音となることがある。これをその音素の異音(いおん)（allophone /ǽləfðʊn/）という。音素は/ /で囲んで示し，異音は[ ]で囲んで示す。

例えば，われわれ日本語話者は「サン（三）」，「サンバイ（三倍）」，「サンダイ（三台）」，「サンカイ（三回）」の「ン」はどれも「同じ音」だと思っていて，それぞれの違いに気づいていないのが普通であるが，「ン」と書かれる日本語の音素/N/は実際には「サン（三）」/saN/では [N][1)]，「サンバイ（三倍）」/saNbai/では [m]，「サンダイ（三台）」/saNdai/では [n][2)]，「サンカイ（三回）」/saNkai/では [ŋ] のようになる。これら [N], [m], [n], [ŋ] はいずれも音素/N/を実際に発音したもので，音素/N/の異音である[3)]。同一音素の異音は必ずこのようにそれぞれ出現する位置が決まっていて，しかも音声的類似点を持つ。例えばこの場合 [N], [m], [n], [ŋ] はどれも鼻音 (p.19) であるという点で類似している。また，われわれ日本語話者が音素/N/の異音をすべて「同じ音」と思っているのと同様に，各言語の母語話者はその言語における同一音素の異音をすべて「同じ音」と思っているものである。

---

1) [N] は日本語の「ン」が語末に来たときの音で，後舌面の後部が軟口蓋の後部と口蓋垂の間にゆるい閉鎖を作ってできる鼻音である。
2) 厳密には舌先と歯で閉鎖が作られる。p.51 を参照。
3) 日本語の/N/はこのほかにもいろいろな異音を持つ。詳しくは p.49 の囲みを参照。

◆/ /と [ ]，どっちがどっち？◆

音声学を学んでいて，/ /と [ ] の違いがわからなくなってしまう学生はめずらしくない。そんなことにならないよう，「/ /は音素だけ」としっかりおぼえておこう。つまり，ある決まった言語における「音素」を示すときは/ /，それ以外の「音」はすべて [ ] で囲む。音素それ自体は抽象的な単位にすぎず，特定の言語の中で前後関係が決まって初めて，実際に発音することができる。したがって，例えば/p/と書かれていても，これがどの言語の，どんな位置に現れる/p/なのかわからなければ発音することはできないが，英語の pie/páɪ/なら [pʰ] (p.21を参照)，日本語のパイ/pai/なら [p] というように，言語と前後関係が決まればそれぞれの言語における異音が発音されるのである。

英語の音素/p/も現れる位置によって少しずつ違った音として現れる。

表1 英語/p/の異音

異音	音声的性質	現れる位置
1.[pʰ]：peace [pʰíːs]	気音を伴う (p.21)	強いアクセントを持つ母音の前
2.[p]：speak [spíːk] polite [pəláɪt]	気音を伴わない (p.21)	a) 強いアクセントを持つ母音の前で/s/の後 b) 弱母音の前
3.[pᵐ]：topmost [tɑ́pᵐmðʊst]	鼻腔破裂 (p.112)	/m/の前
4.[pʰʷ]：pool [pʰʷúːɫ]	円唇　気音を伴う	/uː/, /ʊ/の前
5.[pʷ]：spoon [spʷúːn]	円唇　気音を伴わない	/uː/, /ʊ/の前で/s/の後
6.[p̚]：kept [kʰɛp̚t] keep [kʰíːp̚]	破裂しない (p.22)	a) 閉鎖音の前 b) 語末

ここでも，[pʰ]，[p]，[pᵐ]，[pʰʷ]，[pʷ]，[p̚] の出現する位置はそれぞれ決まっており，また全部が無声両唇閉鎖音という音声的類似点を持つことから，これらの音は英語の同じ1つの音素/p/の異音であると言える。また，これらの異音は英語母語話者には/p/という「同じ音」としてとらえられる。

音素体系

音素は語の意味を区別する音声上の最小単位であるが，その体系は言語により異なるだけでなく，分析の仕方によっても一様ではない。本書におけるアメリカ英語の音素体系については，冒頭p.xiを参照のこと。

4. 子音

子音の分類

子音分類の基準

　肺から出た呼気が声門を通ったあと，調音器官によって閉じられたり通路が狭くされるなどの妨害を受けて発音される音を子音（consonant）という。子音は次の3つの基準によって分類される。

1. 声の有無（voicing）―声帯が振動するか，しないか
2. 調音位置（place of articulation）―発音の際，どこが閉じられたり，狭くなったりするか
3. 調音様式（manner of articulation）―調音器官はどのような種類の妨害をつくり，それによってどんな音を生ずるか

1．声の有無による分類
　いわゆる「のどぼとけ」のあたりに，喉頭（larynx）の中に納まって声帯（vocal cords）がある（図1を参照）。声帯は弾力的な組織からなる2枚の水平なひだで，開いたり閉じたりすることができる。2枚の声帯が開いてできる三角形の空間を声門（glottis）という。
　食べ物を飲み込む瞬間などは，肺に食べ物が入らないように声帯は図

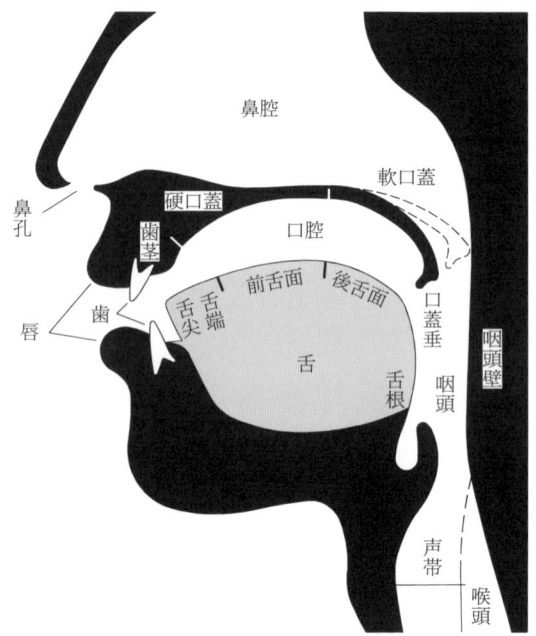

図1　調音器官

表2　英語の子音の分類

	両唇音	唇歯音	歯音	歯茎音	硬歯茎口蓋音	硬口蓋音	軟口蓋音	口蓋垂音	声門音
閉鎖音	p b			t d			k g		
摩擦音		f v	θ ð	s z	ʃ ʒ				h
破擦音					tʃ dʒ				
鼻音	m			n			ŋ		
側音				l			(ɫ)		
たたき音				(ɾ)					
半母音	w			ɹ		j			

2(a)のように完全に閉じる。また、正常な呼吸をしているときは、声帯は(b)のように開いている。声帯が大きく開いているときは、呼気が通過する際にほとんど摩擦の音は生じないが、このような呼気は息（breath）と呼ばれ、息だけでつくられる音を無声音（voiceless sound）という。また、声帯は(c)のように、完全な閉鎖ではないがほとんど閉じられているとき、呼気が通過する際に周期的な振動が起こり音楽的な音を生ずる。これが声(こえ)（voice）と呼ばれるもので、声を伴ってつくられる音を有声音（voiced sound）という。

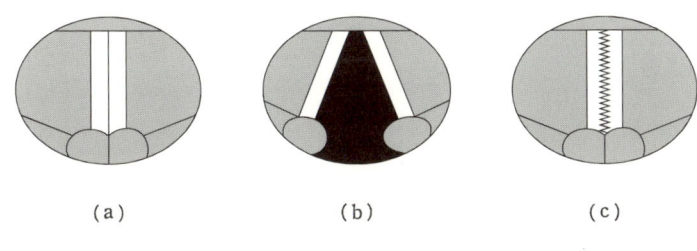

(a)　　　　　　　(b)　　　　　　　(c)

図2　声帯（上方が体の正面）

子音は、声帯が振動せず息だけでつくられる**無声子音**（voiceless consonant）と、声帯が振動して声を伴う**有声子音**（voiced consonant）とに分けられる。

◆有声か無声かを知る方法 (1)◆

　ある音が有声か無声か、判断するにはどうしたらいいだろうか？　まず、のどぼとけのところに軽く指をあてて、[s]-[z]-[s]-[z]とゆっくり言ってみよう。[z]の時だけ、指先がかすかにブルブルと振動を感じるだろう。これが声帯振動で、「ブルブル」する[z]は有声音、しない[s]は無声音だということがわかる。こんどはア-イ-ウ-エ-オと言ってみると切れ目なくブルブルするから、母音も有声音だと実感できるはずである。他に、両耳をふさいで発音してみる方法もある。頭の中に「ブーン」という反響が感じられるときは有声音、そうでなければ無声音である。

2．調音位置による分類

　子音を発音する際は，上下の器官で閉鎖または狭めをつくる。閉鎖や狭めをつくる場所である調音位置の名称は，上側の器官の名前を使うのが慣例だが，複数の組み合わせ方がある場合は上下両方の器官名が使われる。図1を参照。外（左）側からだんだんと口の奥に行くように見ていく。なお，ここで挙げる例は英語に現れる音とする。

(1) 唇音（labial）：下唇が調音に関わる音。
　　a) 両唇音（bilabial）：上下の唇で調音する。例：[p] [b] [m]
　　b) 唇歯音（labiodental）：下唇と上の前歯で調音する。例：[f] [v]
(2) 歯音（dental）：舌先と上の前歯で調音する。例：[θ] [ð]
(3) 歯茎音（alveolar）：舌先と上の前歯の直後の歯茎で調音する。例：[t] [d] [s] [z] [n] [l]
(4) 硬口蓋歯茎音（palato-alveolar）：舌端が歯茎の後部，前舌面が硬口蓋に近づいて狭いすき間をつくる。例：[ʃ] [ʒ]
(5) 軟口蓋音（velar）：後舌面と軟口蓋とで調音する。例：[k] [g] [ŋ]
(6) 声門音（glottal）：声門がわずかに狭められて，摩擦は起こすが声帯は振動しない。例：[h]

3．調音様式による分類

　肺から上がってきた呼気が声帯の間を通り口や鼻から外に出るまでの間に音声器官の狭めがつくられ何らかの妨害を受けるのが子音であるが，その妨害のされ方のことを調音様式といい，次のようなものがある。

(1) 閉鎖音（stop）または破裂音（plosive）：呼気の流れが完全に閉鎖され，それを呼気が吹き開けるときに生じる音。
　　例：[p] [b] [t] [d] [k] [g]
(2) 摩擦音（fricative）：2つの調音器官が接近して狭いすき間を

つくり，呼気がそのすき間を通過するとき摩擦が起こって生じる音。例：[f] [v] [θ] [ð] [s] [z] [ʃ] [ʒ] [h]

(3) 破擦音（affricate）：閉鎖音の特殊なタイプで，ゆるやかな破裂の直後に狭いすき間が残り摩擦音が聞こえる音。例：[tʃ] [dʒ]

(4) 鼻音（nasal）：閉鎖音と同じく口腔内のどこかが完全に閉鎖されるが，軟口蓋の後部と口蓋垂が下がって呼気は鼻に抜け，鼻腔で共鳴する音。例：[m] [n] [ŋ]

(5) 側音または側面音（lateral）：舌によって呼気の通路の中央部が閉鎖され，呼気が舌の両側または片側から流出するときに生じる音。例：[l]

(6) たたき音（tap）：弾力性のある調音器官（舌や口蓋垂など）が調音位置に瞬間的に軽く触れることによってつくられる音。例：アメリカ英語の la*tt*er, la*dd*er の /t/ /d/ などに現れることがある。

(7) 半母音（semivowel）：音としての性質は母音であるが，より口の開いた響きの大きい母音の前に位置して短く発音され，すぐ次の母音に移行するため，音節の中心とならず，子音と同じはたらきをする音。例：[j] [w] [ɹ]

◆有声か無声かを知る方法 (2)◆
——日本語の濁点を手がかりに——

のどぼとけに指を当てたり，耳をふさいでみる方法では，ゆっくり発音しにくい [p] や [b] などの音が有声か無声か判断するのは難しいが，こんなときには意外にも日本語の濁点が手がかりになる。濁点は有声であることを示す印だが，濁点がなくても無声とは限らない。母音のアイウエオと，ナ行・マ行・ラ行などの子音はもともと有声なので印は不要であり，濁点はつかないからである。カナで書いたときに，

1) 濁点がつけば有声音
   例：ドッグ（dog）の [d] と [g]
2) 濁点をつけようとしてもつけられなければ有声音
   例：オイル（oil）の [ɔɪ] と [l]
3) 濁点をつけられるがついていなければ無声音
   例：ケース（case）の [k] と [s]
4) 半濁点がつけば無声音
   例：ペン（pen）の [p]

日本語にない音でもカタカナ発音のつもりで書いてみると，例えば lily はリリーとなるから濁点がつけられず [l] は有声音，father はファーザーとなるので [f] は無声音，[ð] は有声音と判断できるだろう。

英語の子音

閉鎖音

英語の閉鎖音には次の6つがある。

　1./p/　2./b/　3./t/　4./d/　5./k/　6./g/

調音位置が同じ音が無声音・有声音の対をなしている。

気音

英語の閉鎖音は日本語の閉鎖音と比べて閉鎖も破裂も強い。また，英語の無声閉鎖音/p/, /t/, /k/の後に強い母音が続くと，破裂の後に続いて［h］に似た強い息の音が聞こえ，pen [pʰɛn], test [tʰɛst], cook [kʰʊ́k]のようになる。この音を気音（aspiration）と呼ぶ。

penの場合を考えてみると，/p/の閉鎖が行われている間は声帯は振動せず，肺から送られて来る呼気の流れもせきとめられている。破裂が起こって/ɛ/に移る瞬間，せきとめられていた呼気は勢いよく流れ出すが，声帯の振動の方はこれよりやや遅れて始まる。このため，破裂が起こってから声帯が振動しはじめるまで，口は/ɛ/のかまえをしたままで少しの間強い息の音が聞こえるわけで，これが気音である。testの [tʰ]，cook [kʰ] も同様である。

気音はpeak [pʰíːk], take [tʰéɪk], cool [kʰúːɫ]；repeat [rɪpʰíːt], protect [prətʰɛ́kt], account [əkʰáʊnt] のように強い母音の前で現れるが，upper [ʌ́pɚ], lucky [lʌ́ki]；percent [pɚsɛ́nt], today [tədéɪ], caress [kərɛ́s] のように弱い母音の前では現れない。また強い母音の前でも/p/, /t/, /k/の前に/s/があると気音は聞こえない：speak [spíːk], steak [stéɪk], school [skúːɫ]

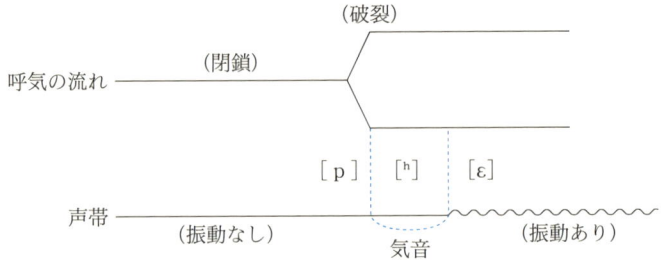

図3　気音の発音メカニズム

開放の省略

　なお，閉鎖音が語の最後にあり，その後に母音が続かない場合は，閉鎖は強く開放されることはなく，閉鎖がつくられたまま発音が終わることもある。例：cu*p*, jo*b*, hi*t*, sai*d*, ma*k*e, ba*g*. 閉鎖音の開放がないと，気音は生じないし，閉鎖音自体がほとんど聞こえない。閉鎖音は，開放され，破裂するときに生じる音だからである。

　また，閉鎖音の後にさらに別の閉鎖音が続くときは，1つ目の閉鎖音の閉鎖はつくられるが破裂はせず，ためた呼気は2つ目の閉鎖音を開放するときにまとめて放出される。この場合も，開放が省略された1つ目の閉鎖音に気音は伴わず，閉鎖音自体もほとんど聞こえない。例：cha*p*ter, a*c*t, ru*g*by.

◆**気音の有無を確かめる方法**◆

　気音の有無は次のように簡単に確かめることができる。図4のように口の前に紙片をかざして強い気音を伴った/p/, /t/, /k/を発音すると紙片は振動する。これに対し気音を伴わない/p/, /t/, /k/を発音しても紙片は振動しない。

図4　気音の有無を確かめる方法

無声化

　英語の有声閉鎖音/b/, /d/, /g/は ha*b*it/hǽbɪt/, calen*d*ar /kǽləndɚ/, su*g*ar/ʃʊ́gɚ/のように前後に有声音がある場合には終止有声であるが，語頭や語末にあるときには前半または後半が無声となるのが普通である。図5に示したように，語頭では/b/, /d/, /g/の閉鎖が始まってもすぐには声帯は振動を開始せず，声帯振動はやや遅れて始まるため，それまでの間/b/, /d/, /g/は無声となる。また語末では閉鎖が始まるとまもなく声帯振動は止まってしまうため，その後が無声となるのである。

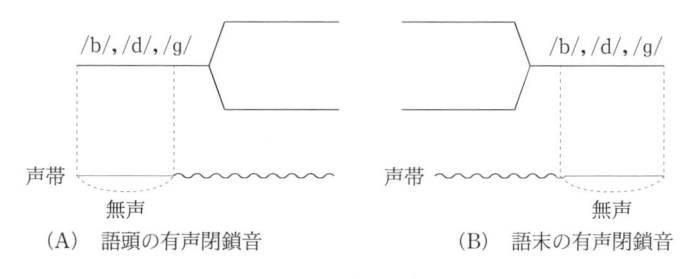

　　　　　/b/, /d/, /g/　　　　　　　　　/b/, /d/, /g/

声帯　　　　　　　　　　　　　　声帯

　　　　無声　　　　　　　　　　　　　　　　　無声
（A）　語頭の有声閉鎖音　　　　（B）　語末の有声閉鎖音

図5　語頭・語末の/b/, /d/, /g/

　語頭の/b/, /d/, /g/は，英語と同様に日本語でも出だしが無声となる傾向があるので日本人にとってあまり問題とはならないが，英語の語末の/b/, /d/, /g/には特に注意が必要である。日本語では子音＋母音の音節構造が普通であるので，/b/, /d/, /g/が母音を伴わずに語末に現れることはない。このため日本人は英語の語末の/b/, /d/, /g/を完全に有声にした上にさらに母音を付けて，jo*b*[dʒábɯ], lea*d* [líːdo], e*gg* [έgɯ]のような発音をする傾向があるので注意が必要である。

1. /p/
〈無声 / 両唇 / 閉鎖音〉

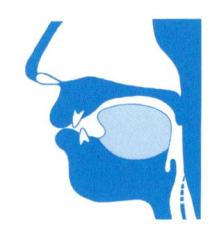

pen paper map happy

/p/ は気音の点を除いては，日本語の「パ行」の子音と同じ。上下の唇でしっかりと閉鎖をつくる。

Exercise 1　Repeat

| 気音のある /p/ | peak | pie | port | upon | compete |
| 気音のない /p/ | speak | spy | sport | upper | competition |

語末の /p/　　　tape, cup, hope

閉鎖音が続き，開放が省略される /p/　scrapbook, kept, captain, helicopter, update, shopkeeper

Peter Piper picked a peck of pickled peppers.《早口ことば》

Peter, Peter, pumpkin eater, had a wife and couldn't keep her;
　He put her in a pumpkin shell, and there he kept her very well.
《マザーグース》

2. /b/

〈有声 / 両唇 / 閉鎖音〉

best **b**a**b**y ca**b** ho**bb**y

/b/は，/p/に対応する有声音で，日本語の「バ行」の子音とほぼ同じ。しっかりと上下の唇を閉じる。

Exercise 2 Repeat

語頭の/b/　　*b*ig, *b*est, *b*ook, *b*lue, *b*reak
語中の/b/　　la*b*el, ho*bb*y, ru*bb*er
語末の/b/　　ca*b*, jo*b*, tu*b*e
閉鎖音が続き，開放が省略される/b/　　we*b*page, o*b*tain, ro*bb*ed,
　　　　　　　su*b*conscious, ho*b*goblin
*B*o*bb*ie *b*rought his *b*eautiful *b*a*b*y ra*bb*it to school.
*B*aa *b*aa *b*lack sheep, have you any wool?
　　Yes sir, yes sir, three *b*ags full!　《マザーグース》

3. /t/
〈無声/歯茎/閉鎖音〉

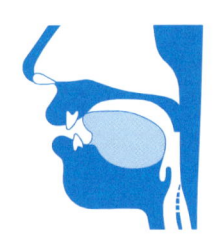

ten steak pat matter
例外：**Th**ames **Th**omas

　日本語の「タ」「テ」「ト」の子音は舌先を歯につけるが，英語の/t/は舌先を歯茎につけて閉鎖をつくる。気音を伴うことがある。

　また，アメリカ英語では，母音と母音に挟まれていて/t/の次が弱いとき，または，little, battle のように/l/の前に/t/がきたときに，/t/は舌尖が歯茎に一瞬だけ触れる歯茎たたき音 (tap) [ɾ] で発音され，日本語の「ラ行」の子音と似た発音となる。真似をする必要はないが，聞き取るときに/l/や/r/と聞き間違えないように注意が必要である。

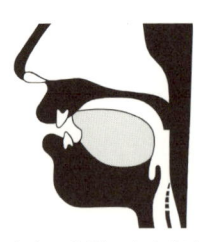

(A)　英語の/t/, /d/ 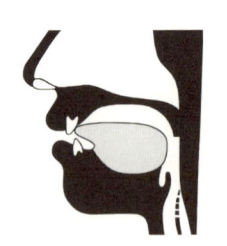　　　(B)　日本語の/t/, /d/

図6　/t/, /d/を発音するときの舌先の形

Exercise 3　Repeat

1-3

気音のある/t/	*t*ick	*t*ake	*t*ough	*t*ool
気音のない/t/	s*t*ick	s*t*eak	s*t*uff	s*t*ool

たたき音の/t/　　pi*t*y, be*tt*er, wa*t*er, cu*tt*er, abili*t*y, li*tt*le
語末の/t/　　　　ba*t*, cu*t*, repea*t*

閉鎖音が続き，開放が省略される /t/　no*t*epaper, foo*t*ball,
　　　　　　　hear*t*break, ho*t*dog, frui*t*cake, nigh*t*gown

Don'*t* pu*t* off *t*ill *t*omorrow wha*t* you can do *t*oday.《ことわざ》

*T*iger! *T*iger! burning brigh*t*,
　In the fores*t*s of the nigh*t*,
　Wha*t* immor*t*al hand or eye
　Could frame thy fearful symme*t*ry《William Blake の詩より》

◆過去形の -ed の発音 (1)◆

語幹の最後の音が /t/ 以外の無声子音のときは -ed の部分は /t/ で発音される。

hop*ed*, miss*ed*, jump*ed*, kick*ed*, laugh*ed*, wish*ed*, touch*ed*

4. /d/

〈有声 / 歯茎 / 閉鎖音〉

desk radio bad ladder

/d/は，/t/に対応する有声音である。

日本語の「ダ」「デ」「ド」の子音は舌先を歯につけるが，英語の/d/は舌先を歯茎につけて閉鎖をつくる。p.26 で述べた「たたき音の t」が現れるような位置では，同じようにたたき音が現れることがあり，その場合 riding と writing, pudding と putting がほとんど同じ発音になる。

Exercise 4 Repeat

語頭の/d/　　deep, dig, day, down, dine, do
語中の/d/　　leader, riding, pudding
語末の/d/　　feed, sad, ride
閉鎖音が続き，開放が省略される/d/　　tadpole, cardboard, bird-brain, bedtime, vodka, bridegroom
A friend in need is a friend indeed.《ことわざ》
The dodo bird died out at the end of the 17th century.

◆**過去形の-ed の発音 (2)**◆

語幹の最後の音が/d/以外の有声子音または母音のときは-ed の部分は/d/と発音される。
　begged, loved, climbed, cared, played, rubbed, labeled, changed, bathed

語幹の最後の音が/t/か/d/のときは-ed の部分は/ɪd, əd/と発音される。
　seated, waited, created, needed, shaded, reminded

5. /k/
〈無声 / 軟口蓋 / 閉鎖音〉

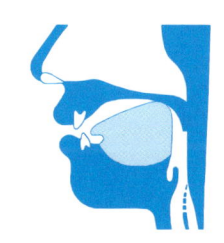

kind back** bo**x
cave **c**ut **c**oat
s**ch**ool **qu**i**ck**
例外：uni**que**

/k/ は，気音の点を除いては日本語の「カ行」の子音と同じ。後舌面を軟口蓋につけて，しっかりと閉鎖をつくる。

Exercise 5　Repeat

気音のある /k/　　*k*ey　*k*in　*c*an　*c*old　re*c*ord（動詞）　*c*ool
気音のない /k/　　s*k*i　s*k*in　s*c*an　s*c*old　re*c*ord（名詞）　s*ch*ool

語末の /k/　　　si*ck*, ba*ck*, loo*k*

閉鎖音が続き，開放が省略される /k/　　co*ck*pit, bla*ck*board, a*c*t, loo*k*ed, wee*k*day, ba*ck*ground

*C*uriosity *k*illed the *c*at.《ことわざ》
*C*ould you *k*indly *k*eep an eye on my *c*amera?

◆ 軟らかい c と硬い c ◆

c の文字は，母音字 e, i, y の前では /s/ と発音し，それ以外のときは /k/ と発音する。/s/ と発音する c を「軟らかい c」といい，/k/ と発音する c を「硬い c」という。

軟らかい c：*c*ent, *c*ity, *c*ycle, ni*c*e
硬い c：　　*c*ap, *c*up, *c*op.

6. /g/

〈有声 / 軟口蓋 / 閉鎖音〉

gas bag jogging
example exist
例外：**guest guard**

　/g/は/k/に対応する有声音で，日本語の「ガ行」の子音とほぼ同じ。後舌面を軟口蓋につけてしっかりと閉鎖をつくる。

Exercise 6　Repeat

1-6

語頭の/g/　　　give, god, go, goose
語中の/g/　　　sugar, baggy, again, example
語末の/g/　　　egg, bag, dog
閉鎖音が続き，開放が省略される/g/　bagpipe, eggplant, rugby,
　　　　　　　　　　pigtail, clogged, hugged, eggcup
The girls gathered around to open the gift.
Three grey geese in a green field grazing,
　Grey were the geese and green was the grass.《マザーグース》

◆軟らかいgと硬いg◆

　gの文字は，母音字 e, i, y の前では/ʤ/と発音し，それ以外のときは/g/と発音する。/ʤ/と発音する g を「軟らかい g」といい，/g/と発音する g を「硬い g」という。

軟らかい g：gentle, age, giant, gym
硬い g：　　gas, go, gun
ただし，get, give, girl など，基本的な語では e, i の前でも/g/と発音するものが多い。

摩擦音

英語の摩擦音には次の9つがある。

1. /f/　2. /v/　3. /θ/　4. /ð/　5. /s/　6. /z/　7. /ʃ/
8. /ʒ/　9. /h/

最後の/h/を除いて，調音位置が同じ音が無声音・有声音の対をなしている。

英語の有声摩擦音/v/,/ð/,/z/,/ʒ/は有声閉鎖音と同じくlovely, rather, razor, treasureのように前後に有声音があるときは終始有声であるが，語頭や語末にあるときには前半または後半が無声となるのが普通である（図7参照）。日本人はとくに/v/,/ð/,/z/,/ʒ/が語末にあるときにはlove [lʌvɯ], bathe [béɪðɯ], rise [ráɪzɯ], rouge [rúːʒɯ]のように/v/,/ð/,/z/,/ʒ/を完全に有声にした上にさらに後に母音を付ける傾向が強いので注意が必要である。

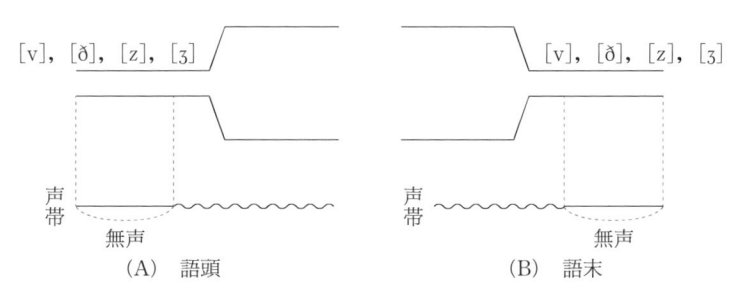

図7　語頭・語末の/v/,/ð/,/z/,/ʒ/

1. /f/
〈無声／唇歯／摩擦音〉

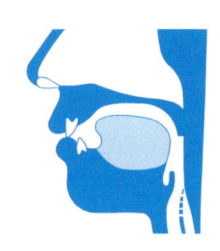

five sa**f**e co**ff**ee cli**ff**
photogra**ph**
enou**gh** tou**gh**

/f/は上の前歯の先に下唇の内側を軽く当てて，両者の間から息を出す。この間，声帯は振動しない。

/f/は日本語にはない音である。一番近い「フ」の子音は，歯と唇ではなく上下の唇を使う点（発音記号では［ɸ］で表される）と，摩擦の力が英語の/f/ほど強くない点で異なる。

🎧 **Exercise 7** Repeat
1-7
語頭の/f/　　ƒeel, ƒirst, ƒast, ƒox, ƒool
語中の/f/　　coƒƒee, oƒten, suƒƒer, surƒace
語末の/f/　　iƒ, oƒƒ, rouɡh, rooƒ
Five ƒrivolous ƒoreigners ƒleeing ƒrom ƒerocious ƒoxes.
　　　　　　　　　　　　　　　　　　　　　　《早口ことば》
Feel the ƒluƒƒy ƒroth ƒloating on the surƒace of the water.

2. /v/
〈有声 / 唇歯 / 摩擦音〉

voice diving five
例外：**of Stephen**

/v/は/f/に対応する有声音で，上の前歯の先に下唇の内側を軽く当てて，両者の間から呼気を出す。この間，声帯は振動する。

/v/も日本語にはない音で，日本語話者はよく「バ行」の子音 [b] で代用することがあるが，そうすると英語では意味の異なる別の語になることがあるので，/v/を正確に発音する必要がある。

Exercise 8　Repeat

語頭の/v/　　*v*ictory, *v*ery, *v*an, *v*ote
語中の/v/　　li*v*ing, cle*v*er, dri*v*er, mo*v*ing
語末の/v/　　lea*v*e, ser*v*e, lo*v*e, mo*v*e

The *v*ice president made a *v*ery mo*v*ing *v*ictory speech.
*V*i*v*ian and *V*ictor are lea*v*ing for *V*ancouver in No*v*ember.

Comparison 1　Repeat

| /v/ | *v*est | *v*ote | ha*v*e it | cur*v*e | ro*v*e |
| /b/ | *b*est | *b*oat | ha*b*it | cur*b* | ro*b*e |

Quiz 2　1〜3の各組の語は，どの順序で言っているか，4〜5の文では（　）内のどちらの語を言っているか，答えなさい。(以下の Quiz も同じ。)

1．(berry, very)　2．(bigger, vigor)　3．(dub, dove)
4．Count the number of floating (boats, votes).
5．Her name starts with the letter (B, V).

3. /θ/

〈無声 / 歯 / 摩擦音〉

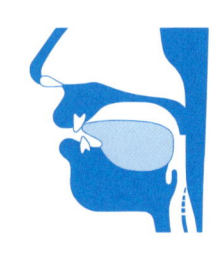

think thank path

　/θ/は舌先を上の前歯の裏側に軽く当てて，そのすき間から息を出して発音する。この間，声帯は振動しない。摩擦の音は後で述べる/s/よりかなり弱い。

　/θ/は日本語にはない音で，日本語話者は「サ行」の子音 [s] や [ʃ] で代用することがあるが，/θ/を [s] や [ʃ] で発音すると英語では意味の異なる別の語になることがあるので，/θ/を正確に発音する必要がある。

Exercise 9　Repeat

  語頭の/θ/　　*th*in, *th*ree, *th*ank, *th*ought
  語中の/θ/　　no*th*ing, Go*th*ic, mara*th*on, en*th*usiastic
  語末の/θ/　　ma*th*, ear*th*, mo*th*, fif*th*
  Ca*th*y has written *th*ree *th*eses on Go*th*ic ca*th*edrals.
  The en*th*usiastic runner was out of brea*th* after the mara*th*on race.

4. /ð/
〈有声 / 歯 / 摩擦音〉

this that breathe

/ð/は/θ/に対応する有声音で，舌先を上の前歯の裏側に軽く当てて，そのすき間から呼気を出して発音する。この間，声帯は振動する。摩擦の音は後で述べる/z/よりかなり弱い。

/ð/も日本語にはない音で，日本語話者は「ザ行」の子音で代用することがあるが，/ð/を [z] や [dʒ] で発音すると英語では意味の異なる別の語になることがあるので，/ð/を正確に発音する必要がある。

Exercise 10　Repeat

語頭の/ð/　　this, they, that, those
語中の/ð/　　weather, rather, father, mother
語末の/ð/　　breathe, bathe, clothe, smooth

The mother watched a nurse bathe and clothe the newborn baby.
They say that this year the weather is rather good in the southern part of Japan.

5. /s/
〈無声 / 歯茎 / 摩擦音〉

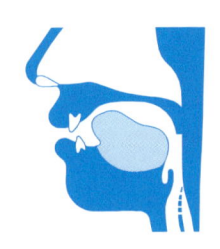

sea bus lesson
cent city cycle science

　/s/の発音のときは舌の中ほどを低く，左右のへりを高くし，縦にくぼみをつくる。舌先は上の歯茎（または下の前歯）のほうに近づけてわずかにすき間を開ける。舌にできたくぼみの上を呼気が通って，すき間から歯に「スー」と当たるようにする。その間，声帯は振動しない。

　日本語の「サ行」のうち，「サ」，「ス」，「セ」，「ソ」の子音の発音は英語の/s/に近い。しかし，「シ」の子音は英語の/s/ではなく，むしろ後で述べる/ʃ/に近い。seat/síːt/やsit/sít/など，/iː/や/ɪ/の前の/s/が[ʃ]のような発音になってしまう人は，気をつける必要がある。/s/を[ʃ]で発音すると英語では意味の異なる別の語になることがあるので，このような位置でも/s/を正確に発音する必要がある。

Exercise 11　Repeat

1-13

語頭の/s/	see, sing, scene, send
語中の/s/	passage, missing, receive, fancy
語末の/s/	gas, miss, face, loose

Sing a song of sixpence, a pocket full of rye.《マザーグース》
My six-year-old sister likes to play on the seesaw.

Comparison 2 Repeat

/s/	seem	sink	sank	sigh	pass	force
/θ/	theme	think	thank	thigh	path	fourth

Quiz 3

1. (theme, seem) 2. (thing, sing) 3. (path, pass)
4. After the English class, I have to attend (math, mass).
5. There was a (moth, moss) on the rock.

◆名詞の複数形，所有格，動詞の三人称単数現在形の発音 (1)◆

語幹の最後の音が /s/, /ʃ/, /tʃ/ 以外の無声子音のとき，-s, -'s は /s/ と発音される。　　lips, cats, Pat's, Jeff's, kicks, gets

6. /z/
〈有声／歯茎／摩擦音〉

zoo lazy dizzy
easy dogs xylophone
例外：possess scissors

/z/は/s/に対応する有声音である。

　日本語の「ザ行」のうち，「ザ」，「ズ」，「ゼ」，「ゾ」の子音の発音が英語の/z/に一番近いが，これらの音の実際の発音は「座敷」，「捻挫」など，語頭および「ン」の後では摩擦音ではなく，[dz]で発音されることが多い。英語の/z/の場合は舌先が歯や歯茎につかないように発音する。

Exercise 12　Repeat

語頭の/z/	Z, Zen, zone, zoo
語中の/z/	dizzy, daisy, desert, result
語末の/z/	please, fizz, jazz, lose

The noise is hurting my ears and making me dizzy!

Please bring me the cheesecake with raspberry sauce for dessert.

Comparison 3　Repeat

/z/	Z	Zen	breeze	close
/ð/	thee	then	breathe	clothe

Quiz 4

1. (then, Zen)　2. (clothing, closing)　3. (bathe, bays)
4. You should (clothe, close) it.
5. The patient (breathed, breezed) in.

◆名詞の複数形，所有格，動詞の三人称単数現在形の発音 (2)◆

　語幹の最後の音が/z/, /ʤ/以外の有声子音および母音のとき -s, -'s は/z/で発音される。
　　bags, bees, Dad's, Mother's, reads, sees
　語幹の最後の音が/s/, /z/, /ʧ/, /ʤ/, /ʃ/のとき -s, -es, -'s の部分は/ɪz, əz/と発音される。
　　buses, buzzes, watches, Alice's judge's, bushes, smashes
ただしどちらの場合でも，後に何も続かないか次に無声子音で始まる語がくるときには，/z/は無声化して [s] に聞こえることがある。

7. /ʃ/
〈無声 / 硬口蓋歯茎 / 摩擦音〉

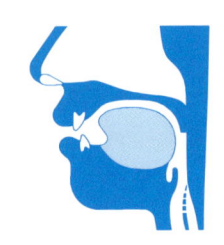

shape bu**sh** mi**ssi**on
man**si**on o**ce**an spe**ci**al
con**sci**ous **st**ation
例外：**s**ugar i**ss**ue

　/ʃ/の発音のときは舌端が歯茎の後部へ，前舌面は硬口蓋へ向かって近づき，同時に舌全体も盛り上がるようにする。舌と硬口蓋の間のすき間から呼気を出し，前歯に当たるようにして「シュー」という音を出す。その間，声帯は振動しない。

　この音は日本語の「シ」の子音に近いが，英語の/ʃ/は唇を丸めて突き出して発音することもある。

　なお，日本語話者の中には「シ」の子音の部分を [s] のように発音する人がいるが，そのような人は英語の *sh*eet/ʃiːt/や *sh*ip/ʃɪp/など，/iː/や/ɪ/の前の/ʃ/が [s] のような発音になる可能性があるので気をつける必要がある。/ʃ/を [s] で発音すると英語では意味の異なる別の語になることがあるので，このような位置でも/ʃ/を正確に発音する必要がある。

Exercise 13   Repeat

語頭の/ʃ/   *sh*eep, *sh*ip, *sh*ade, *sh*ow, *sh*oot
語中の/ʃ/   ma*ch*ine, spe*ci*al, sta*ti*on, a*ss*ure
語末の/ʃ/   wi*sh*, ca*sh*, ru*sh*, bu*sh*

*Sh*e sells sea*sh*ells on the sea*sh*ore.《早口ことば》

I wi*sh* you wouldn't wa*sh* my cashmere *sh*awl in the wa*sh*ing ma*ch*ine!

Comparison 4   Repeat

/ʃ/	*sh*eet	*sh*eep	*sh*ip	*sh*elf	*sh*ake
/s/	*s*eat	*s*eep	*s*ip	*s*elf	*s*ake

Quiz 5

1. (seep, sheep)   2. (sip, ship)   3. (single, shingle)
4. Please take a (seat, sheet).
5. Now (sift, shift) the flour.

8. /ʒ/
〈有声 / 硬口蓋歯茎 / 摩擦音〉

televi*si*on u*su*al
rou*ge* re*gi*me

/ʒ/は，/ʃ/に対応する有声音である。

日本語の「ジ」の子音は，「地震」，「返事」などのように語頭および「ン」の後では実際の発音は p.47 で述べる破擦音の [ʥ] となり，「虹」のように母音に挟まれているときは [ʥ] または [ʑ] が現れる。このように，現在の日本語では [ʥ] と [ʑ] を入れ替えても単語の意味が変わることがないので，日本語母語話者にとっては破擦音である/ʥ/と摩擦音/ʒ/の区別は難しい。しかし，英語では/ʒ/は語頭には現れることはなく，語末でも garage /gərɑːʒ/, mirage/mɪrɑːʒ/など，少数のフランス語起源の語にしか現れず，語頭・語末ではもっぱら/ʥ/が使われる。語中ではかなりの数の語で/ʒ/が現れる（例：vi*su*al, lei*su*re）が，/ʒ/を/ʥ/で発音しても意味の異なる別の語になることはほとんど無く，発音の区別ができなくても理解の妨げにはならない。

Exercise 14 Repeat

語中の/ʒ/　　vi*si*on, mea*su*re, inva*si*on, exclu*si*on
語末の/ʒ/　　presti*ge*, mira*ge*, bei*ge*, gara*ge*

I saw the old ver*si*on of the film *The Inva*si*on* on televi*si*on last night.

A mira*ge* is a kind of vi*su*al illu*si*on caused by atmospheric conditions.

9. /h/
⟨無声 / 声門 / 摩擦音⟩

hot be**h**ave
who **wh**ole

/h/は常に母音および半母音/j/, /w/[1]の前の位置に現れ, それらと同じ口のかまえで無声の出だしとなる。したがって/h/は他の摩擦音と違い, それ自身の口のかまえというものを持たない。音声学的には hat /hǽt/は [æ̥ǽt][2], hot/hάt/は [ɑ̥ɑ́t] のように表すことができる。/h/を発音するときは, 口のかまえは次に続く音と同じようになり, 声帯が少しだけ開いてささやくように音が出ている。/h/は語末には現れない。

日本語の「ハ行」のうち「ハ」,「ヘ」,「ホ」の子音は英語の/h/と同じである。しかし,「ヒ」の子音は [h] ではなく無声硬口蓋摩擦音 [ç] で, 前舌面と硬口蓋が著しく接近し, [h] に比べ摩擦が強く, 英語で代用すると不自然である。heat/hí:t/, hit/hít/, here/híɚ/など, 後に/i:/ /ɪ/ /ɪɚ/が続く/h/を発音するときは注意が必要である。

また,「フ」の子音は [h] ではなく無声両唇摩擦音 [ɸ] で, 発音するとき上下の唇の間のすき間はとても狭い。日本語話者は hood/hʊ́d/や who/hú:/など/ʊ/や/u:/が続く/h/にこの [ɸ] を代用する傾向があるが, やはり英語としては不自然である。このような場合の/h/は, すぐ後の母音/ʊ/や/u:/と同じ口のかまえであるということを頭に入れて練習すること。

---

1) 母音については p.65 以降, 半母音については p.57 以降で扱う。
2) 母音の記号の下についている [̥] は, その母音が無声化しているということを示している。無声化については p.23 を参照。

Exercise 15　Repeat

語頭の /h/:　　*h*eat, *h*it, *h*at, *wh*o
語中の /h/:　　be*h*ind, be*h*ave, per*h*aps, be*h*old
*H*eaven *h*elps those *wh*o *h*elp themselves.《ことわざ》
*H*ere *h*e lies where *h*e longed to be;
　　*H*ome is the sailor, *h*ome from the sea,
　　And the *h*unter *h*ome from the *h*ill.
　　　　　　　　　　　　《R. L. Stevenson: *Requiem* より》

Comparison 5　Repeat

/h/	*h*eat	*h*ate	*h*at	*h*ome	*wh*o'll
/f/	*f*eet	*f*ate	*f*at	*f*oam	*f*ool

Quiz 6

1. (feet, heat)　2. (fool, who'll)　3. (food, who'd)
4. I can't (feel, heal) the pain.
5. Please (fold, hold) the paper.

破擦音

英語の破擦音には次の2つがある。

    1./tʃ/   2./dʒ/

調音位置が同じ音が無声音・有声音の対をなしている。

破擦音は閉鎖音の特殊なタイプで，閉鎖音がゆるやかに開放される途中の比較的狭いすき間に呼気が通るため，直後に調音位置がほぼ同じ摩擦音が続くものである。このときの呼気の流れは，chat/tʃæt/のように後に母音が続く語を例にとると図8のようになる。

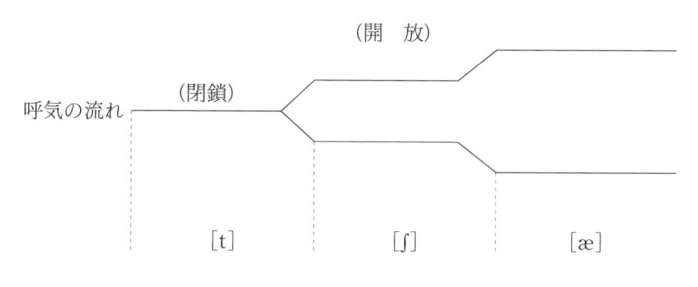

図8　破擦音＋母音の発音メカニズム

1. /tʃ/
〈無声 / 硬口蓋歯茎 / 破擦音〉

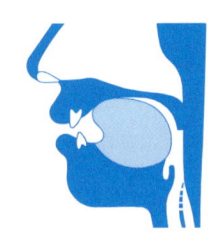

child beach match nature
question Christian

　/tʃ/を発音するときは，舌先を歯茎の後部に触れさせて，前舌面は/ʃ/を発音するときのように上げて息を出す。日本語の「チ」の子音と似ているが，唇は「チ」を発音するときよりも丸めて突き出すとよい。

Exercise 16　Repeat
1-26
　　語頭の/tʃ/　　cheat, chess, China, chop
　　語中の/tʃ/　　teacher, future, butcher
　　語末の/tʃ/　　search, match, watch
　The child chased the chicken but could not catch it.
　Charles is teaching his children to use chopsticks because they're
　　going to China soon.

2. /dʒ/
〈有声 / 硬口蓋歯茎 / 破擦音〉

jar a**dj**ust bri**dge**
giant e**d**ucation re**gi**on

/dʒ/は/tʃ/に対応する有声音で，日本語の「ジ」の子音と似ており，「ジ」の子音で代用しても通じる。/tʃ/のときと同じように舌先を歯茎の後部に触れさせて，前舌面は/ʒ/を発音するときのように上げる。

英語の有声破擦音は，有声閉鎖音や有声摩擦音と同様に，前後に有声音があるときには終止有声であるが，語頭にあるときは前半が，語末にあるときは後半が無声となるのが普通である。

Exercise 17 Repeat

語頭の/dʒ/ 　*j*ob, *J*une, *J*apan
語中の/dʒ/ 　a*dj*ective, gra*du*ation, reli*gi*ous
語末の/dʒ/ 　ba*dge*, bri*dge*, lo*dge*

The *j*olly *j*oggers *j*ogged across a bri*dge* and reached the lo*dge*.
*J*ohn found a *j*ob in *J*apan soon after gra*du*ating from colle*ge* in *J*une.

◆日本語の「ヂ」と「ジ」◆

日本語ではほとんどの方言で「ヂ」と「ジ」はまったく同じ発音であるが，英語では /dʒ/ と /ʒ/ は発音が異なる。前者は /tʃ/ に対応する有声の破擦音であり，舌先が歯茎の後方につくが，後者は /ʃ/ に対応する有声の摩擦音で，舌先は歯茎につかない。しかし，英語でも /dʒ/ と /ʒ/ で単語を区別することは非常にまれなので，この二つの音を区別して発音できなくてもほとんど支障はない。これらの音で区別される語は，例えば vir*g*in /vɚ:dʒən/ 対 ver*s*ion /vɚ:ʒən/；ple*dg*er /pléʤɚ/ 対 plea*s*ure /pléʒɚ/ などがあるが，いずれも文脈で判断できることが多い。

鼻音

英語の鼻音には次の3つがある。

1. /m/　2. /n/　3. /ŋ/

この3つはそれぞれ閉鎖音/p/, /b/; /t/, /d/; /k/, /g/に調音の位置が対応している。口腔に閉鎖がつくられた状態で口蓋垂が下がり，呼気が鼻腔に抜ける。英語の鼻音はすべて声帯が振動する有声音である。

◆**日本語の「ン」**◆

日本語の「ン」は「タ行」，「ダ行」，「ナ行」，「ザ行」，「ラ行」の音の前では [n]，「パ行」，「バ行」，「マ行」の音の前では [m]，「カ行」，「ガ行」の音の前では [ŋ] となる。英語でもまた，歯茎音の前では [n]，両唇音の前で [m]，軟口蓋音の前で [ŋ] と発音されるので，se*n*t, ba*n*d, be*n*ch, da*n*gerのように/t/, /d/, /ʧ/, /ʤ/の前の/n/は「ン」のつもりで発音してよい。またca*m*p, nu*m*berのように/p/, /b/ の前の/m/も「ン」のつもりで発音してよい。さらに i*n*k, tha*n*kのように/k/の前のnで表される/ŋ/も「ン」のつもりで発音してよい。しかし pe*n*, see*n*のように語末の/n/は舌先をしっかり歯茎につけなければならない。日本語の語末の「ン」は緩い口蓋垂鼻音の [ɴ] で，舌先が歯茎につかないからである。

1. /m/
⟨有声 / 両唇 / 鼻音⟩

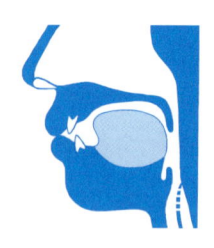

make lemon ham summer

日本語の「マ行」の子音と同じ。上下の唇でしっかりと閉鎖をつくる。

Exercise 18　Repeat

　　語頭の/m/　　*m*eet, *m*at, *m*ove
　　語中の/m/　　com*m*on, a*m*ount, la*m*p, me*m*ber
　　語末の/m/　　ja*m*, sa*m*e, Ro*m*e
　　So *m*any *m*en, so *m*any *m*inds.《ことわざ》
　　*M*y *m*other *m*ade *m*e s*m*ile in front of the *m*irror.

2. /n/
〈有声/歯茎/鼻音〉

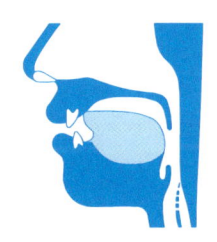

name cor**n**er ru**n** di**nn**er i**nn**

　日本語の「ナ」「ヌ」「ネ」「ノ」の子音は舌先と歯で閉鎖をつくるが，英語の/n/の場合は舌先を歯茎につける。また，日本語では「ペン」(語末)，「範囲」(母音の前)，「ダンス」(/s/の前)，「マンション」(/ʃ/の前) などでは「ン」を発音するとき舌先がどこにもつかないのに対して，英語では pe*n*, ru*n*, i*n*, da*n*ce, ma*n*sion などの/n/を発音するときに舌先を歯茎にしっかりつけて発音する。

　舌先を歯茎につけて発音された/n/の後ろに歯茎摩擦音の/s/または硬口蓋歯茎摩擦音の/ʃ/が続くとき，間にわたり音の [t] が入ることがある。その結果，principle [pɹíntsəpɫ], mansion [mǽntʃən] のようになり，「プリンツィプー」，「マンチョン」のように聞こえる。これは prince/prins/など，語末でも同様で，この語は [pɹínts] となり，prints/prínts/と同じ発音となる。

　center/séntɚ/, winter/wíntɚ/など，/n/の後に/t/が続き，さらにその後に弱母音が続くとき，/n/と/t/は合体して，p.26 で説明した「たたき音の t」が鼻音化した音となり，聞いた印象は/t/が落ちた感じである。したがって center は [sɛ́nɚ]「セナー」, winter は [wínɚ]「ウィナー」，さらに twenty は [twɛ́ni]「トゥエニー」, internet は [ínɚnɛt]「イナーネット」に聞こえる。

　同様のことは/n/の後に/d/が続いてさらにその後に弱母音が続くときにも起こる。したがって candy/kǽndi/が [kǽni]「キャニー」, understanding/ʌ̀ndɚstǽndɪŋ/が [ʌ̀nɚstǽnɪŋ]「アナスタニング」のよ

うに聞こえる。

Exercise 19　Repeat

　　　語頭の/n/　　need, knit, nest, no
　　　語中の/n/　　honest, runner, corner
　　　語末の/n/　　pen, sun, down, learn, soon
　　　後ろに母音がくる，語末の/n/　an apple, down under, run away
　　　後ろに/s/や/ʃ/がくる/n/　prince, mince, tense, once, pension,
　　　　　　　　　　mention, mansion
　　　後ろに/t/や/d/と弱母音が続く/n/　center, twenty,
　　　　　　　　　　international, candy, understanding

Do you know the Muffin man that lives in Derry Lane?
　　　　　　　　　　　　　　　　　　　《マザーグース》

The expression "ninety-nine times out of a hundred" means "almost always."

3. /ŋ/
〈有声 / 軟口蓋 / 鼻音〉

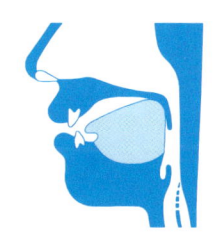

sing singer think

　/ŋ/は/g/のように軟口蓋に後舌面をつけて呼気は鼻腔に抜けるように発音する。日本語で，「参加」や「看護」のように/k/や/g/の前で「ん」を発音すると，自然と [ŋ] の発音になる。また，伝統的な日本語の発音やアナウンサーの発音では「鏡」のように語中の「ガ行」の子音もこの音で発音されることが多いが，今ではこの位置でも [ŋ] ではなく，[g] を使う人が多い。そのような人は，英語の singer/síŋɚ/などの語に [g] を入れて/síŋgɚ/と発音してしまうことがある。

Exercise 20　Repeat

1-30

　　語末の/ŋ/　　　　ri*ng*, ba*ng*, so*ng*, su*ng*
　　/k/, /g/の前の/ŋ/　pi*n*k, ba*n*k, ju*n*k, ka*n*garoo, fi*n*ger, si*n*gle
　　-ng で終わる動詞に -er や -ing がついた場合
　　　　　　　　　　ri*ng*er, ha*ng*er, si*ng*ing, bri*ng*ing
　The phone is ri*ng*ing in the livi*ng* room!
　The ki*ng* was in his counti*ng* house, counti*ng* out his money;
　　The queen was in the parlour, eati*ng* bread and honey.
　　　　　　　　　　　　　　　　　　　　《マザーグース》

側音

　側音とは，呼気が舌の両側または片側から流出するときに生じる音である。英語の側音には/l/がある。

/l/
〈有声 / 歯茎 / 側音〉

large color allow fall

　/l/を発音するときは舌先を歯茎の中央につけて閉鎖をつくるが，舌の両側または片側は開いていて，呼気はそこから流出する。その間，声帯は振動している。

明るいlと暗いl
　/l/には2種類あり，その音色の印象から「明るいl」(clear l) と「暗いl」(dark l) と呼ばれている。

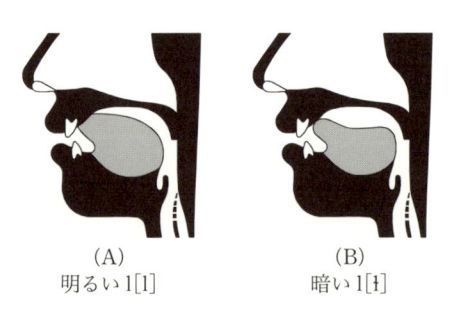

(A) 明るいl[l]　　(B) 暗いl[ɫ]

図9　「明るいl」と「暗いl」

「明るい l」では，舌は前舌母音[3]のようなかまえとなる（図9 (A)）。そのため，前舌母音特有の明るい感じの音色となる。

「暗い l」では，前舌面に加えて後舌面が多少軟口蓋に向かってもり上がり，後舌母音[4]のようなかまえとなる（図9 (B)）。そのため，後舌母音特有の暗い感じの音色を帯び，日本語話者には「ウ」や「オ」のように聞こえることがある。「暗い l」は [ɫ] で表す。

アメリカ発音では多くの話者がすべての位置で多少とも「暗い l」[ɫ] を用いる。この場合，/iː/のような前舌母音の前ではそれほど暗くならず，逆に/uː/のような後舌母音の前ではかなり暗くなる。

/l/は日本語にはない音なので，習得にはかなりの練習を必要とする。後で述べる/r/とは区別しなければならない。舌先を歯茎の中央にしっかりつけて「ルー」と発音してみる。次に舌先をそのままの状態に保ち「ア，イ，ウ，エ，オ」と言ってみる。日本語の「ラ，リ，ル，レ，ロ」を言うときよりも歯茎に舌先がついている時間を長くするとよい。

/l/の前の母音

/l/の前の母音はしばしば変形される。

  （1）mill, children のように/ɪ/の後に/l/が続くとき，/ɪ/が「イ」と「ウ」の中間の音に聞こえることがある。また，sell, tell などでは母音/ɛ/が「ア」または「オ」に近く聞こえることがある。さらに，dull, result では/ʌ/が [ɔ] に近い音になって「ドウ」，「レゾウト」のように聞こえることがある。その結果，gulf は golf のように聞こえる。

  （2）feel, seal のように/iː/のあとに/l/が続くときには/iː/が後ろ寄りになって両者の間に [ə] のような音が入ることがある。また sail, file, oil のように/ɪ/に向かう二重母音[5] /eɪ/, /aɪ/,

---

3) 前舌母音については p.65 を参照。
4) 後舌母音については p.65 を参照。
5) 二重母音については p.88 を参照。

/ɔɪ/のあとに/l/が続くときは，二重母音の後半が低く後ろ寄りになって間に[ə]のような音が入ることがある。

/l/の前に，気音を伴う条件[6]の無声閉鎖音/p/や/k/があると，/l/は無声化する。/l/を発音する瞬間は，まだ声帯が震え始めないからである。

Exercise 21　Repeat

1-31

語頭の/l/	*l*eave, *l*ive, *l*and, *l*ight, *l*arge, *l*ot, *l*ove, *l*ook, *l*oose
語中の/l/	a*ll*ow, be*l*ong, fo*ll*ow, mi*ll*ion, resu*l*t, cu*l*ture
語末の/l/	fee*l*, fi*ll*, fai*l*, fe*ll*, do*ll*, du*ll*, pu*ll*, poo*l*, peop*l*e, tab*l*e, mirac*l*e

無声閉鎖音の後で無声化する/l/　p*l*ease, p*l*enty, c*l*ean, c*l*imb

I s*l*ip, I s*l*ide, I g*l*oom, I g*l*ance,
　Among my skimming swa*ll*ows.《Tennyson: *The Brook* より》

I wandered *l*one*l*y as a c*l*oud
　That f*l*oats on high o'er va*l*es and hi*ll*s,
　When a*ll* at once I saw a crowd,
　A host of go*l*den daffodi*l*s;
　　　　　《William Wordsworth: *The Daffodils* より》

---

[6]　/p/や/k/がどのようなときに気音を伴うかについてはp.21を参照。

◆アメリカで電球を買うには◆

アメリカ駐在から帰った会社員が，「英語では電球はbulbじゃなくballというのに，辞書は間違ってる！」と怒っていた。部屋の電球が切れたので買いに行き，「バルブ」と何度言っても通じないので，持参した電球を見せると店員がOh, you want a ball!と言ったというのだが，もちろんそんなことがあるわけはない。真相は，前頁にあるように/l/の前の/ʌ/は[ɔ]に近い音になるので，店員の発音でbulb /bʌlb/は「ボウブ」のようになり，さらに「電球」からの連想も働いて「ボール」と聞き間違えたのだろう。しかしアメリカで電球を買うには，たしかに「バルブ」よりは「ボウブ」のつもりで発音するほうが通じるに違いない。

半母音

英語の半母音には次の3つがある。

1. /j/　2. /w/　3. /r/

母音は呼気の続く限り持続できるが，半母音は妨害を受けずに発音されるという点では母音でありながら，持続することはない。/j/は/iː/, /ɪ/に，/w/は/uː/, /ʊ/に，/r/は/ɚː/, /ɚ/に，それぞれ対応する半母音で，発音するときは対応する母音のかまえからすぐに次の母音に移行する。半母音の習得にあたっては，まずこのことに注意しなければならない。

半母音の前に気音を伴う条件[7]の無声閉鎖音/p/, /t/, /k/や無声摩擦音があると，半母音は無声化する。半母音を発音する瞬間はまだ声帯が震え始めないからである。

1.　/j/

/iː/に対応する半母音

young beyond cute

familiar

/j/には決まった舌の位置がなく，/iː/または/ɪ/の付近からすぐ後続の母音へと移行する。/iː/や/ɪ/のような前舌高母音[8]の前では舌の位置はきわめて高く，口の開きは狭いが，/ɑ/や/ɒː/のような後舌低母音[9]の

---

7)　p.21 を参照。
8)　前舌高母音については p.65 を参照。
9)　後舌母音については p.65 を参照。

前では舌の位置はかなり低く，口の開きは広い。

　日本語でも「ヤ，ユ，ヨ」に [j] が現れるが，日本語では/i/の前には [j] は来ないので，yeast/jiːst/, year/jiɚ/などの発音は日本語話者にとってはとくに難しい。east/iːst/, ear/iɚ/と比較してできるだけ舌の位置を高くする練習が必要である。

Exercise 22　Repeat

語頭の/j/　　yeast, year, Yale, yawn
語中の/j/　　beyond, union, familiar, pure, beauty
無声音の後で無声化する/j/　　pupil, cute, few, hue

During my years at Yale University, I belonged to the student union.

The Chinese saw the universe as a balancing act between Yin and Yang.

Comparison 6　Repeat

| /j/ | yeast | year | yin | yell | yen | pure | cue |
| — | east | ear | in | L | N | poor | coo |

Quiz 7

1. (ale, Yale)　2. (in, yin)　3. (east, yeast)
4. What a long (ear, year)!
5. It's 56 (N, yen).

2. /w/
/uː/に対応する半母音

week reward queen
language distinguish
例外：**suite one**

　/w/には決まった舌の位置がなく，/uː/または/ʊ/の付近からすぐ後続の母音へと移行する。後続母音よりも舌の位置が高く，また円唇母音の前では特に唇の丸めが強くなる。

　日本語の「ワ」の子音と似ているが，「ワ」の子音は唇の丸めが少ない。wound/wúːnd/, wood/wúd/などは母音自体が日本語の「ウ」と違って円唇母音であるから，それより強い丸めをもつ/w/の発音には特に注意しなければならない。

Exercise 23 Repeat

語頭の/w/　　wit, way, walk, woke, work, woo, wound
語中の/w/　　awake, award, linguistics
無声音の後で無声化する/w/　　twin, tweet, between, question, quiet

We watched a Wild West movie on TV this weekend.
Don't walk to work until your wound is cured.

Comparison 7 Repeat

/w/	woos	swoon	woke	wore
—	ooze	soon	oak	oar

Quiz 8

1. (courts, quartz)   2. (coat, quote)   3. (oh, woe)
4. There was another big (cake, quake) after dinner.
5. Here, take a (seat, sweet).

3. /r/
/ɚː/に対応する半母音

read pride arrive
rhythm rhyme

　/r/は，p.86 で紹介する/ɚː/に対応する半母音である。母音の前では/ɚː/の舌のかまえから急速に次の母音のかまえに移る。唇がやや丸められて突き出されることがある。母音間では，先行する母音のかまえから一度/ɚː/のかまえに移った後，急速に次の母音に移る。母音字＋rは，p.8 で述べたように合体して「rの二重母音」を形成するが，これについては p.96 以下を参照。アメリカ発音では舌のかまえは図10(A)のように舌がもり上がった形のほうが(B)のように舌を反らせた形よりも一般的だが，両者の音色に違いはない。音声記号は［ɹ］のように書くが，英語の音素として書くときは/r/でかまわない。

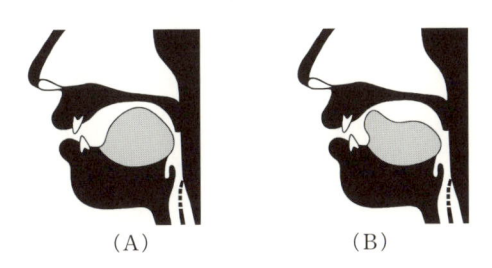

図10　rの舌のかまえ

　/r/は日本人にとってもっとも難しい音のひとつである。この音は日本語の「ラ行」の子音とはかなり異なるので，「ラ行」を代用してはならない。日本語の「ラ行」の子音は主に歯茎たたき音の［ɾ］で，舌先

が歯茎に触れるが，英語の/r/は半母音で舌先はどこにも触れない。語頭の/r/ではred/réd/を「ゥレッド」のように直前に軽く「ウ」を添えるように指導することがあるが，これは唇をやや丸めるとともに，舌先が歯茎に触れないための配慮でもある。さらに，アメリカ発音では母音間の/t/がしばしば [ɾ] に似たたたき音となるため[9]，母音間の/r/に日本語の「ラ行」を用いると，アメリカ人には/t/と受け取られる恐れがある。日本人はbury/béri/ [béɹi]，belly/béli/ [béli]，Betty/béti/ [béɾi] のような母音間の/r/, /l/, /t/の区別に注意する必要がある。

Exercise 24　Repeat

語頭の/r/　　real, wrist, ran, raw, robe, room
語中の/r/　　serene, bury, carry, sparrow, corridor
無声音の後で無声化する/r/　　press, pray, price, cry, free, three
破擦音化した/tr/（/r/は無声化した摩擦音）tree, try, true, mattress, actress
破擦音化した/dr/（/r/は有声の摩擦音）　drip, dress, drag, dry, address, hundred
Revenge never repairs injury.《ことわざ》
The hand that rocks the cradle rules the world.《ことわざ》
Row, row, row your boat, gently down the stream.
　Merrily, merrily, merrily, merrily, life is but a dream.《歌》
Trick or treat!《ハロウィーンのときに子どもが唱える言葉》
Don't drink and drive.

---

9)「たたき音のt」に関しては，p.26を参照。

Comparison 8 Repeat

/r/ reap river wrap right road room correct pray cramp
/l/ leap liver lap light load loom collect play clamp

Hilary, calorie, parallel, correlation, vocabulary, umbrella, Cinderella, Maryland

Comparison 9 Repeat

/r/	berry	hearer	searing	chorus
/l/	belly	healer	ceiling	call us
/t/ (アメリカ発音)	Betty	heater	seating	caught us

Quiz 9

1. (lead, read)   2. (light, right)   3. (lock, rock)
4. (aloof, a roof)   5. (climb, crime)   6. (plough, prow)
7. Be careful! Don't walk on the (glass, grass)!
8. The children were (playing, praying) in the church.
9. Look at the big (cloud, crowd)!
10. The teacher (collected, corrected) the exam papers.

5. 母音

母音

　肺から出た呼気が，口の中で歯や舌や唇の妨害を受けずに生成される音を母音(vowel)という。母音は，次の3つの基準によって分類される。

　　1．舌のどの部分が上がるか
　　2．舌がどの高さまで上がるか
　　3．唇が丸くなるか，ならないか

第1の基準から，前舌面が硬口蓋に向かって上がる母音を**前舌母音**(front vowel)，後舌面が軟口蓋に向かって上がる母音を**後舌母音**(back vowel)と呼ぶ。両者の中間的なものは**中舌母音**(central vowel)である。第2の基準から，舌が高く上げられる母音を**高母音**(high vowel)または**狭母音**(close vowel)，舌が低い母音を**低母音**(low vowel)または**開母音**(open vowel)という。その中間は**中母音**(mid vowel)である。さらに，第3の基準により，**円唇母音**(rounded voewl)か**非円唇母音**(unrounded vowel)かが決まる。

基本母音

　世界の様々な言語の母音を説明するのに，1つの基準があると便利であるが，イギリスの音声学者 Daniel Jones がそのような基準を設定した。これが基本母音（cardinal vowels）である[1]。

　まず，前舌面をできるだけ前へ出し，高く上げて硬口蓋に近づけ，これ以上上げると呼気が妨害を受けて摩擦の音を生じてしまう限界の高さにする（このとき唇は丸めない）。この，日本語の「イ」に近い音をまず No.1 [i] として設定する。次に，後舌面をできるだけ下げ，のどが見えるように後方に引き，口を開けて「ア」という音を出す。この音を No.5 [ɑ] とする。あとは No.1 の位置から前舌面を少しずつ下げ，No.5 との間に等間隔に No.2 [e]，No.3 [ɛ]，No.4 [a] の3音を入れる。また，No.5 から後舌面を等間隔に上げ，同時に唇を少しずつ丸めていくと No.6 [ɔ]，No.7 [o]，No.8 [u] が得られる。これを図式化すると図11のようになるが，これをさらに抽象化し，描きやすくしたものが図12である。

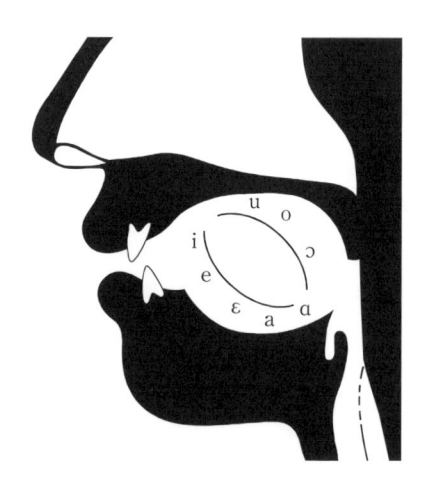

図11　基本母音の調音位置

---

1) Daniel Jones 自身の発声による基本母音を以下のウェブサイトで聴くことができる：http://www.phonetics.ucla.edu/course/chapter9/cardinal/cardinal.html

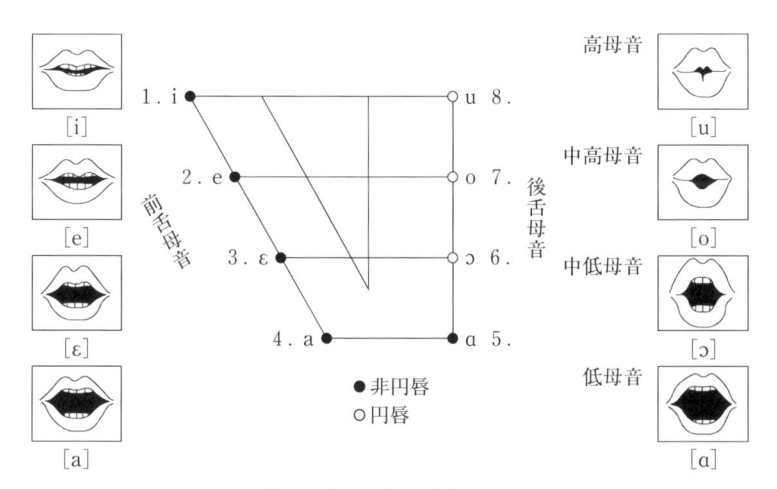

図12 基本母音の分類と発音の際の唇の形

　以上が，基本母音の成り立ちであるが，これはあくまでも説明であり，実際の音は実例を聴いて耳で覚えることが大切である。

　ところで，これまでに説明したのは**第一次基本母音**（primary cardinal vowels）というもので，この他に**第二次基本母音**（secondary cardinal vowels）がある。第二次基本母音は，第一次基本母音を，舌の位置はそのままで唇の形——つまり円唇か非円唇か——を逆にして発音したものである（図13参照）。

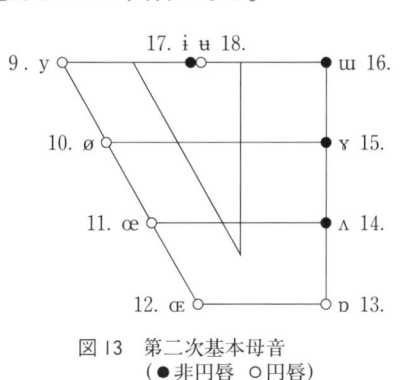

図13　第二次基本母音
（●非円唇　○円唇）

　基本母音を覚えると，ある言語の母音の説明をする際，「No.1とNo.2の間」とか，「No.2より少し後寄り」というような方法で指定でき，図12を使って，いわばグラフ上に点を書きこむようにその母音の位置を示すこともできる。ただ，注意しなければならないのは，基本母音があくまでも基準設定のために決められた母音であって，これらの母音がある特定の言語の母音ではないということである。

◆母音の印象◆
—— mil と mal どっちが大きい？——

1929年に米国の言語学者サピア (Sapir) は，世界のいろいろな言語の話者を対象に，mil と mal という造語を示し，どちらが「大きいテーブル」でどちらが「小さいテーブル」だと思うかをたずねる実験を行ったのだが，あなたならどう答えるだろうか？結果は mil が小さく，mal が大きいという答えが圧倒的だったという。

英語には dog → doggy，John → Johnny のような例がたくさんあるし，スペイン語ではセニョーラ (señora〈奥さん〉) に -ita をつけるとセニョリータ (señorita〈娘さん〉)。ドイツ語でも Kind (キント〈子供〉) に -chen をつけると Kind-chen (キントヒェン〈赤ん坊，可愛い子〉) というように，[i] [e] のような前舌高母音が加えられると「小さい，可愛い」印象を与えるようだ。

その後の研究によるとこれには口の中の共鳴腔の大小が関係しているという。なるほど，日本語の「おおきい」と「ちいさい」，英語の large と little でも，口の開きの大小と意味がみごとに一致しているのだが，一方で英語には big と small という例もあって，ことはそう単純ではない。音の持つ印象は，語の意味に影響を与える要素の1つではあるが，決定的要素ではないのである。もっとも，音の印象で100パーセント意味が決まるのだとしたら，どの言語の単語もみな同じようになってしまうことだろう。

英語の母音

強母音と弱母音

現代英語の母音は表3のような単位になる。これらの単位は大きく強母音と弱母音とに分かれ、強母音には短母音・長母音・二重母音が含まれる[2]。強母音も弱母音も音節の中心をなすので（p.109参照）、しばしば音節核音（syllabic nucleus）と呼ばれる。

表3　英語の母音の分類

強母音	抑止母音	短母音	/ɪ/　/ɛ/　/æ/　/ɑ/　/ʌ/　/ʊ/
	開放母音	長母音	/iː/　/ɑː/　/ɒː/　/uː/　/ɚː/
		二重母音	/eɪ/　/aɪ/　/ɔɪ/　/aʊ/　/oʊ/　/juː/ /ɪɚ/　/ɛɚ/　/ɑɚ/　/ɔɚ/　/ʊɚ/
弱母音			/i/　/ɪ/　/ə/　/jʊ/　/ɚ/

---

2) pure の /jʊɚ/、fire の /aɪɚ/、flower の /aʊɚ/ はしばしば「三重母音」と呼ばれ、歴史的にはひとつの母音と考えるべきだが、音声的にはそれぞれ /j/＋/ʊɚ/、/aɪ/＋/ɚ/、/aʊ/＋/ɚ/ と解釈されるので、本書では三重母音の項目をとくに立てない。

抑止母音と開放母音

強母音は抑止母音（checked vowel）と開放母音（free vowel）とに分けられる。両者には次のような相違が認められる。

抑止母音	開放母音
1．後に必ず子音が続く。	1．後に子音が続くこともあり続かないこともある。
2．比較的短い。	2．比較的長い。
3．後続する子音との結びつきが密である。	3．後続する子音との結びつきが緩やかである。

　抑止母音の後に子音が続き，そこで語が終るときは，その抑止母音と子音との結びつきが密で，その子音は長く発音される。そのためとくに閉鎖音の場合，日本人の耳には母音と子音の間に「ッ」のような音が聞こえる。しかし開放母音では後の子音との結びつきが緩やかなため，このようなことはない。
　次の語を発音して比較しよう。

　　　抑止母音　　　　　　開放母音
　　　bit/bít/　　　：　　beat/bíːt/
　　　get/gɛ́t/　　　：　　gate/géɪt/
　　　hop/hɑ́p/　　　：　　hope/hóʊp/
　　　bud/bʌ́d/　　　：　　bird/bɚ́ːd/
　　　wood/wʊ́d/　　：　　mood/múːd/

　抑止母音は一般に短母音（short vowel）と呼ばれている。開放母音は長母音（long vowel）と二重母音（diphthong）に分かれる。現代英語においては短母音と長母音の別，および長母音と二重母音の別は必ずしも明確ではないが，以下では一般に行われているこれらの区分に従って説明を行う。

短母音

英語の短母音には次の 6 つがある。

　1. /ɪ/　2. /ɛ/　3. /æ/　4. /ɑ/　5. /ʌ/　6. /ʊ/

それぞれの母音の舌の位置は図 14 に示したようになっている。カタカナで示してあるのは日本語のアイウエオの母音の位置である。各母音については以下に説明するが，英語の短母音はいずれも，音声器官をあまり緊張させずに発音する音である。英語の母音の特徴として有声子音の前よりも無声子音の前のほうが短かめとなる。

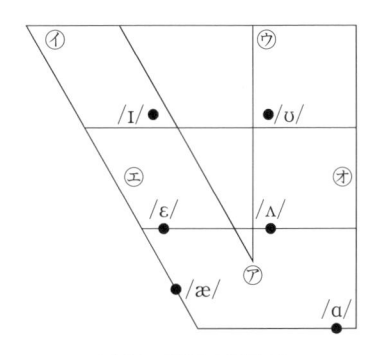

図 14　英語の短母音

1. /ɪ/

sit symbol

例外：pr**e**tty b**u**sy bu**i**ld w**o**men

日本語の「イ」に比べてずっとゆるんだ感じの音である。「イ」と「エ」の中間にあたるため，日本人の耳には「エ」のように聞こえてしまい，six を sex，pit を pet と聞き間違えることがある。

日本語の「イ」はむしろ英語の/i:/に近い舌の位置を持つので (p.80 を参照)，日本人が英語の/ɪ/に「イ」をあてると/i:/に聞かれ，live は leave，sit は seat ととられる心配もある。発音するときには「イ」と「エ」の中間くらいの音を目指すのがよい。

🎧 Exercise 25　Repeat

1-42

| 短め | k*i*t | p*i*ck | r*i*ch |
| 長め | k*i*d | p*i*g | r*i*dge |

Th*i*s r*i*ver used to be the s*y*mbol of the v*i*llage.
Ms[mɪz] Sm*i*th was one of the r*i*chest *E*nglish b*u*sinessw*o*men at the time.

◆発音記号の名前——母音記号 (1)◆

[ɪ] small capital "I"（小型大文字の I）
[ɛ] epsilon /ɛpsəlɑ̃n/（エプシロン：ギリシャ文字の名前から）
[æ] ash /æʃ/（古期英語の文字の名前から）
[ɑ] script "A"（筆記体の A）
[ʌ] inverted "V"（さかさまの V）
[ʊ] upsilon /júːpsəlɑ̃n/（ユプシロン：ギリシャ文字の名前から）

2. /ɛ/

bed end
bread health
例外：any again says friend bury

/ɛ/は日本語の「エ」に近いが，舌の位置はそれよりやや低めなので「ア」に似た響きがあり，日本人は pen を pan, lend を land と聞き間違えることがある。発音するときには「エ」よりも口を広めに開けるとよい。また p.55 に述べる通り，tell, health など /l/ の前では「オ」の響きが加わることもあるので注意が必要である。

Exercise 26　Repeat

```
短め  set    peck   etch
長め  said   peg    edge
```

/l/ の前　sell, health
Teddy and Betty read the letter again and again.
I'll attend my friend's wedding reception next Wednesday.

Comparison 10　Repeat

```
/ɛ/  bet  begger  lest
/ɪ/  bit  bigger  list
```

Quiz 10

1. (sit, set)　2. (bill, bell)　3. (six, sex)
4. You'll find the files on the (desk, disc).
5. He gave me a silver (pin, pen) as a birthday present.

3. /æ/

add back
例外：half aunt

/æ/は日本語の「ア」に「エ」にの響きが加わったような音で，「ア」とはかなり異なる。この母音は短母音とされているが実際には長めに発音されることが多く，とくに有声子音の前では後述の/iː/，/uː/などの長母音と同程度の長さになる。咽頭の緊張を伴う音なので，発音する上ではのどを締めつけるようにすると効果的である。

また cat/kæt/, gas/gæs/のように，この母音が/k/，/g/の後に続くと，日本人には「キャ」「ギャ」のように聞こえる。

Exercise 27　Repeat

```
短め    cap    sat    back
長め    cab    sad    bag
```

The man wearing a black hat is Sam's dad.
Nancy sang the national anthem of Canada.

Comparison 11　Repeat

```
/æ/    bag    sand    gass
/ɛ/    beg    send    guess
```

Quiz 11

1. (met, mat)　2. (gem, jam)　3. (said, sad)
4. They had to (lend, land) the helicopter.
5. He lost the (bet, bat).

4. /ɑ/

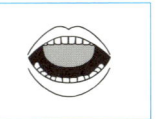

ho**t r**o**ck**
wa**nt wh**a**t** (w(h) の後の a)
qua**lity qu**a**ntity** (qu の後の a)
例外：**kn**ow**ledge**

　/ɑ/は日本語の「ア」よりも舌の位置が後ろ寄りで口の開きも大きく，やや暗く重い印象の音である。口を十分に開いてのどに近いところで「ア」という感じで発音する。なお，この母音は一般に短母音とされているが，有声子音の前ではかなり長くなる。

Exercise 28　Repeat

| 短め | mop | got | knots |
| 長め | mob | god | nods |

Tom and Connie were at the rock concert on that hot day.
It's impossible for Bob to solve this problem.

Comparison 12　Repeat

| /ɑ/ | hot | cot | rock |
| /æ/ | hat | cat | rack |

Quiz 12

1．(pad, pod)　2．(sacks, socks)　3．(cab, cob)
4．Dad gave me a (pat, pot)
5．We have to buy a new (map, mop).

5. /ʌ/

sun cut
wo**nder l**o**ve d**ou**ble**
例外：**bl**oo**d d**oe**s**

　「ア」と「オ」の中間的な感じだが，「ア」より舌の位置が高めで後ろ寄りなので，口をあまり開かずにやや奥のほうで「ア」と言うつもりで発音する。また，c*u*lture, res*u*lt のように/l/の前では「オ」に近い響きになるので注意する（p.55 を参照）。/ɑ/と比べると口の開きが小さく，/æ/や/ɑ/よりも短いのが特徴である。

Exercise 29 Repeat

```
 短め    cup    duck    bus
 長め    cub    dug     buzz
```

　　/l/の前　　b*u*lb, c*u*lture, res*u*lt
　　D*ou*g has beg*u*n to c*u*t the *o*nions.
　　My h*u*sband l*o*ves h*u*nting very m*u*ch.

Comparison 13 Repeat

```
 /ʌ/    cup    putt    stuck
 /æ/    cap    pat     stack
 /ɑ/    cop    pot     stock
```

Quiz 13

1. (cat, cot, cut)   2. (fanned, fond, fund)
3. (sadden, sodden, sudden)
4. I found an old (hat, hut) on the beach.
5. Look at those lovely (poppies, puppies)!

◆ u の短音 ◆

　u の短音（p.7 参照）は 15 世紀頃には /ʊ/ だったが，やがて図のように位置が下がり，唇の丸めもなくなって，sun, luck など大半の語では現在のアメリカ音の /ʌ/ の位置となった。しかし /p/ /b/ /f/ などの後ではこの変化が起こりにくかったため，put, bush, full などの語では /ʊ/ の発音が残っている。

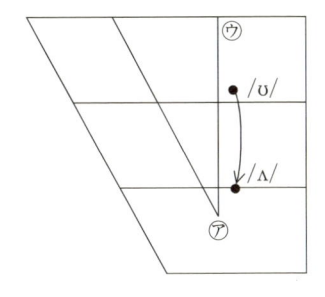

6. /ʊ/

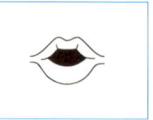

boo**k l**oo**k**
pu**t f**u**ll**
例外：w**o**man b**o**som c**oul**d w**oul**d

/ʊ/はゆるんだ感じの母音で，弱い唇の丸めを伴っている。日本語（とくに東京を中心とした共通語）の「ウ」には唇の丸めがなく，上下の唇が接近する［ɯ］（p.67 を参照）なので，英語の/ʊ/とは音色が多少異なる。日本語では「オ」が唯一の円唇母音であるため，英語の/ʊ/は日本人には「オ」に聞こえることもあるので注意が必要である。

Exercise 30　Repeat

短め　　f**oo**t　　c**oo**k　　p**u**tting
長め　　h**oo**d　　c**oul**d　　p**u**dding

Who t**oo**k my c**oo**kb**oo**k?
L**oo**k! Here's a f**oo**tprint of the w**o**lf.

◆発音記号の名前――母音記号 (2)◆

[ɒ]　turned script "A"（さかさまの筆記体の A）
[ɔ]　open "O"（開いた O）
[ə]　schwa /ʃwɑː/（ヘブライ語の表記法の用語から）
[ɚ]　hooked schwa（かぎつきのシュワー；p.87 の囲み参照）
[ɯ]　turned "M"（さかさまの M）

長母音

英語の長母音には次の5つがある。

1. /iː/　2. /ɑː/　3. /ɒː/　4. /uː/　5. /əː/

それぞれの母音の舌の位置は図15に示したようになっている。各母音については以下に説明するが、英語の長母音はいずれも、短母音の場合とは異なって、音声器官を比較的緊張させて発音する音である。

短母音と同様に、長母音も無声子音の前では有声子音の前および語末より短かめとなるが、短母音と長母音の長さが位置によってどのような関係となるかを/ɪ/と/iː/の例で示すと図16のようになる。

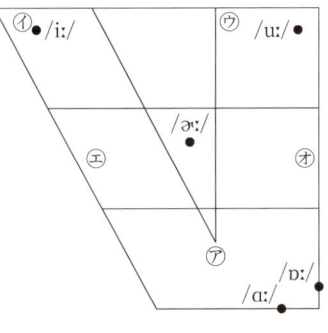

図15　英語の長母音

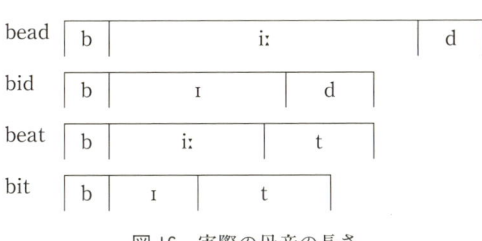

図16　実際の母音の長さ

これでわかるように、同じような位置では長母音が短母音よりも長いが、有声子音の前の短母音と無声子音の前の長母音とではほぼ同じくらいの長さか、むしろ短母音のほうが長くなることに注意する必要がある。

1. /iː/

see tea
these field
rec**ei**ve mach**i**ne
例外：**k**ey **qu**ay **peo**ple

/iː/は/ɪ/と比べると日本語の「イ」に近い音で，「イー」と大体同じでよいが，唇はもっと横に引く。英語の母音の中で最も緊張が強い音である。またこの母音は単に/ɪ/を長くしたものではなく，/ɪ/よりも舌の位置が前寄りで高いため音色が違うことに注意する。

Exercise 31　Repeat

短め	s*ea*t	p*ea*ce	gr*ie*f
長め	s*ee*d	p*ea*s	gr*ie*ve
	s*ee*	p*ea*	gr*ee*

Pl*ea*se don't *ea*t betw*ee*n m*ea*ls.
Japan*e*se p*eo*ple like to s*ee* gr*ee*n l*ea*ves in the mountains.

Comparison 14　Repeat

| /iː/ | leave | feel | sleep |
| /ɪ/ | live | fill | slip |

Quiz 14

1. (sit, seat)   2. (ship, sheep)   3. (rich, reach)
4. When did you (live, leave) there?
5. It was a record-breaking (hit, heat).

◆ Say cheese!◆

　写真を撮るときにCheese!というのは，英語では唇が横に引かれてちょうど良い笑顔になるからである。日本語のつもりで「チーズ」や「ピース」，あるいは「1+1は？」→「ニー！」と言っても，あまり良い笑顔にはならないかもしれない。笑顔を意識して，唇を横に引いて/iː/を練習してみよう。

2. /ɑː/

fa**ther sp**a **ah**

　/ɑː/ は p.75 で扱った /ɑ/ と音色が同じで，口の開きが大きく舌の位置が低い。日本語の「ア」よりも大きく口を開け，口の奥の方から「アー」と長めに発音する。

Exercise 32　Repeat

f*a*ther, sp*a*, br*a*, Chic*a*go
My f*a*ther went on a tour to visit the Bah*a*mas via Chic*a*go.

◆弁護士はウソつき？◆

　次のページにあるように，最近の米国の傾向として *law* や *cause* の母音を *father* の /ɑː/ と同じに発音する地域が広がってきている。そのような発音をする人たちは *law* を /lɑː/ というので，*lawyer* は /lɑ́ːjɚ/ になるが，別の地域の人の耳にはまるで *liar* /láɪjɚ/ のように聞こえるという。I'm a lawyer〈私は弁護士です〉といったつもりが，I'm a liar〈私は嘘つきです〉と聞こえるわけで，真面目な弁護士の方々には申し訳ないが，発音の地域差が産み出す，あながち笑えない話である。

3. /ɒː/

cause law
all talk bought
soft cloth loss long fog
例外：w**a**ter br**oa**d **a**br**oa**d

　/ɒː/は日本語の「アー」と「オー」の中間の音である。唇はわずかに丸められるが，口の開きが大きく，舌の位置が日本語の「オー」よりかなり低い。このため「アー」に近く聞こえることがあり，図17に示したような地域では/ɑː/を使う人々が大半である。

　au, aw などのつづり字の場合，日本人はこの母音の最後に「ウ」のような音をつけてしまう傾向があるので，あくまでも長母音として発音するよう注意が必要である。

Exercise 33　Repeat

短め	**ou**ght	th**ou**ght	s**au**ce
長め	**aw**ed	th**aw**ed	s**aw**s
	awe	th**aw**	s**aw**

c**o**ffee, cl**o**th, b**o**ss, l**o**ng, g**o**ne
All the b**a**lls are l**o**st.
My d**au**ghter **a**lmost **a**lways w**a**lks to college.

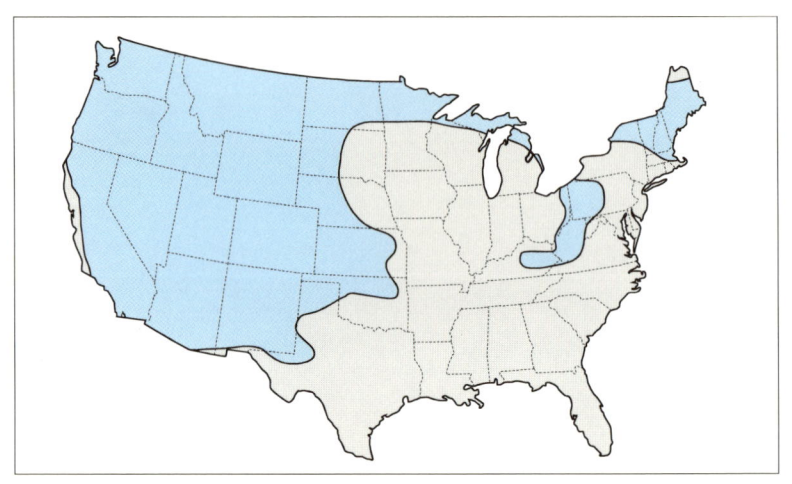

図 17　/ɒː/ が /ɑː/ と同じに発音される地域（青の部分）
[Labov, W. et al, *The Atlas of North American English*. Walter de Gruyter, 2005 に基づく]

◆ /ɒː/ の記号 ◆

　わが国の辞書や教科書では、この母音を表わすのに /ɔː/ が使われていて、例えば cause は /kɔ́ːz/ となっているのが普通であり、この記号を見て戸惑う読者も多いだろう。しかしアメリカ音でのこの母音の舌の位置は基本母音（p.66 参照）の 6 番 [ɔ] よりもずっと低いので、音声学的には /ɔː/ と表わすのは適切でない。むしろ 5 番の [ɑ] のほうに近い舌の位置で、わずかに唇の丸めが加わる音なので、第二次基本母音の [ɒ] の記号を用いるほうが実際の音に忠実な表記といえる。

4. /uː/

cool super crew
group fruit
例外：m**o**ve sh**oe** tw**o**

　/uː/は英語の母音の中で最も唇の丸めが強く，響きは重く暗い。日本語の「ウー」[ɯː] には唇の丸めがないので (p.78 参照)，発音するときには意識して唇を丸めて突き出すようにする。またこの母音は単に /ʊ/ を長くしたものではなく，/ʊ/ よりもいっそう舌の位置が後ろ寄りで高く，唇の丸めも強いため，音色が違うことに注意する。

Exercise 34　Repeat

```
短め  b oot   pr oof   l oose
長め  f ood   pr ove   l ose
      wh o    br ew    t oo
```

He came to sch*oo*l half an hour t*oo* s*oo*n.
I can pr*o*ve the tr*u*th to y*ou*.

Comparison 15　Repeat

```
/uː/  pool   fool   suit
/ʊ/   pull   full   soot
```

Quiz 15

1. (look, Luke)　2. (full, fool)　3. (hood, who'd)
4. He said it (could, cooed).
5. The (soot, suit) was black.

5. /ɚː/

girl turn
serve work earth
例外：**jour**nal

　/ɚː/はアメリカ英語特有の母音で，しばしば「rの音色をした母音」(*r*-colored vowel) と呼ばれる。この母音はp.61に述べる/r/を長く発音したものにあたるので，舌のかまえも/r/と同様に大きく2種類があるが（p.61図10を参照），どちらのかまえでも同じように聞こえる。アメリカ音全体では図18のように舌全体のもり上がった形が一般的である。

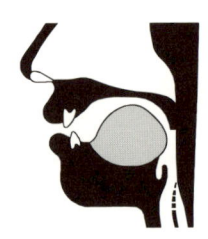

図18　/ɚː/を発音するときの舌のかまえ

　/ɚː/は日本人にとってはかなり難しい母音である。やや喉を緊張させて唇を「ウー」というつもりですこし丸めて開き，教師や付属のCDの発音の真似をしながら/ɚː/独特の響きのこつをつかむように努力する必要がある。

Exercise 35　Repeat

短め	c*ur*t	s*ur*f	p*ur*se
長め	c*ur*d	s*er*ve	p*urr*s
	c*ur*	s*ir*	p*urr*

I want to l*ear*n G*er*man at the Univ*er*sity.
The *ear*ly b*ir*d catches the w*or*m.《ことわざ》
Sh*ir*ley was a pretty little g*ir*l with c*ur*ly hair.

◆かぎつきのシュワー◆

ɚの記号は「かぎつきのシュワー」(hooked schwa) と呼ばれる。「シュワー」とはəの文字の名である。ɚは米国の音声学者 J. S. Kenyon が考案した記号で，はじめは「rの音色」を表すためにrの右肩のかぎ (hook) をつけたᵊが使われていたが，のちに一筆で書けるようにɚに変えられた。

わが国の辞典や教科書では/ɚː/に対してよく/əːr/のような記号が使われているが，この母音は後で扱う二重母音ではなく，はじめから終わりまで同じ音色で発音される長母音であるので，このような表記は学習者の誤解を招きやすく，不適切である。

二重母音

二重母音とは

　これまでに扱った短母音も長母音も，発音されている間ずっと調音器官のかまえが変わらず，一定の音色が保たれる単母音なのに対し，二重母音では調音器官がある母音のかまえで始まり，途中で別の母音のかまえへと移行する。この移行は一息で行われて間に切れ目がなく，前半と後半の要素を合わせた全体で1つの母音音素である。

英語の二重母音

　英語の二重母音には次の11があり，/juː/を除いて前半の要素が後半よりも強く発音される。

　　(1) /ɪ/へ向かうもの：　　　1. /eɪ/　　2. /aɪ/　　3. /ɔɪ/
　　(2) /ʊ/, /uː/へ向かうもの：4. /aʊ/　　5. /oʊ/　　6. /juː/
　　(3) /ɚ/へ向かうもの：
　　　　　　　　　7. /ɪɚ/　8. /ɛɚ/　9. /ɑɚ/　10. /ɔɚ/　11. /ʊɚ/

図 19　/ɪ/へ向かう二重母音　　　　図 20　/ʊ/, /uː/へ向かう二重母音

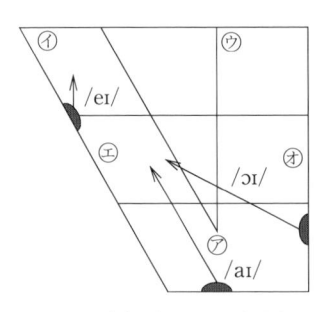

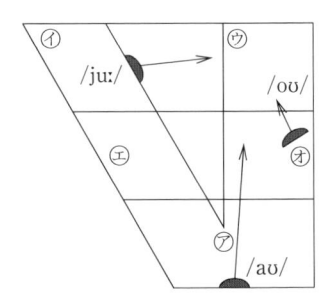

短母音や長母音の場合と同様に，二重母音も無声子音の前よりも有声子音の前，および語末の方が長めとなるが，このとき長くなるのは前半の要素である。次を発音して比較してみよう。

ice/áɪs/, eyes/áɪz/, I/áɪ/

◆Iと愛◆
——歌に見る日英語の二重母音の違い——

歌を聴くと，英語と日本語の二重母音の違いがよくわかる。

英国に古くから伝わる歌である Green Sleeves の中に♪And I have loved you so long...♪という部分があり，'I'が長く伸ばして歌われるが，引き伸ばされるのははじめの[a]だけで[ɪ]は長くならず，わずかに添えられる程度である。また途中で音の高さが変わったりせず，'I'全体で同じ高さが保たれている。

これに対して日本語の歌では，例えば「愛燦燦」の♪愛燦燦と……♪を見ると「愛」は[aiː]のようになっていて，[i]のほうが[a]より8倍も長い。しかも後半の要素である[i]のはじまりから音の高さが変化しているが，このようなことは英語の歌では決して起こらない。

上に述べたように英語の二重母音では前半の要素が中心であって，長く発音されるときには前半の要素だけが引き伸ばされる。また2つの要素が一息に発音されて途中に切れ目がないから，歌の場合でも前半と後半で別々の高さになることはない。これに対して，日本語の二重母音は2つの母音が並んだものなので，歌ではそれぞれに自由な長さと高さを持たせることができるのである。

Green Sleeves の'I'[aːɪ]（左）と「愛燦燦」の「愛」[aiː]（右）

And I have lov-ed you
[aːɪ]

あ い ー さん さん とー

日本音楽著作権協会（出）許諾第1310041-301号

1. /eɪ/

cake pain day
rein they

例外：**break gauge**

/eɪ/は/ɛ/よりも高い舌の位置から始まり/ɪ/に向かう二重母音である。発音の際は舌を緊張させて「エ」のあとに軽く「イ」を添える。

Exercise 36　Repeat

短め	e*i*ght	n*a*pe	s*a*fe	h*a*ke	p*a*ce
長め	*ai*d	n*a*be	s*a*ve	H*a*gue	p*ays*
	A	n*ay*	s*ay*	h*ay*	p*ay*

J*a*ne was afr*ai*d of the w*a*ves.
The r*ai*n in Sp*ai*n st*ays* m*ai*nly in the pl*ai*n. 《*My Fair Lady*》

Comparison 16

| /eɪ/ | g*a*te | p*ai*n | *a*ge | w*a*ste | b*a*con |
| /ɛ/ | g*e*t | p*e*n | *e*dge | w*e*st | b*e*ckon |

Quiz 16

1. (fed, fade)　2. (tell, tail)　3. (sent, saint)
4. They are (selling, sailing) their yacht today.
5. They (tested, tasted) the wine carefully.

2. /aɪ/

ice cry
ligh**t**
例外：**eye ai**sle b**uy**

　/aɪ/は日本語の「ア」に近い音から始まり，「イ」と「エ」の間あたりの音へ向かう。「ア」を強めに発音し，途切れないように注意して，「イ」を「エ」に近く発音するつもりで軽く添えるとよい。

Exercise 37　Repeat

短め	s*igh*t	h*eigh*t	l*i*fe	*i*ce	adv*i*ce
長め	s*i*de	h*i*de	l*i*ve (形容詞)	*eye*s	adv*i*se
	s*igh*	h*igh*	l*ie*	*I*	

　The k*i*te was fl*y*ing h*igh* in the sk*y*.
　I tr*ie*d to h*i*de m*y* kn*i*fe.

◆狭い二重母音と広い二重母音 (1)◆

　/ɪ/または/ʊ/に向かう二重母音のうち，前半の要素と後半の要素との距離が短い/eɪ/ /oʊ/は「狭い二重母音」，距離の長い/aɪ/ /ɔɪ/ /aʊ/は「広い二重母音」と呼ばれる。狭い二重母音は cake, hope のように無声子音の前では二重母音性が失われて，長めの [e] [o] のようになることがある。

3. /ɔɪ/

point boy

/ɔɪ/は日本語の「オ」より口をやや開いた音で始まり、「イ」よりもむしろ「エ」へと向かう。またこの二重母音の前半の音は boy, toy のように語末や、noise のように有声子音の前では英語の二重母音の中でもとくに長めになる傾向があるので、「オイ」より「オーェ」ぐらいのほうが英語の実際の音に近くなる。

Exercise 38 Repeat

短め　　voice　　exploit　　joint
長め　　boys　　employed　　joined
　　　　boy　　employ　　joy

Both the employer and the employees enjoyed the party.
I was annoyed by the boys' noisy voices.

◆ boy はボーイで toy はトイ？ ◆

/ɔɪ/の前半は語末や有声子音の前ではとくに長いので、boy がカタカナ語ではボーイとなっているのはもっともな話である。しかし、他のカタカナ語をみると noise はノーイズでなくノイズ、enjoy もエンジョーイではなくエンジョイという具合で、boy 以外ではなぜか前半の音長が反映されていない。toy もトイよりはトーイだし、日本のあちこちに進出してきたアメリカの玩具専門店 Toys "Я" Us も、日本名は「トイザらス」より「トーイザらス」としたほうがずっと実際の発音に近くなるだろう。

4. /aʊ/

c**ou**nt h**ow**

/aʊ/は日本語の「ア」に近い音から始まり，「ウ」と「オ」の間あたりの音へ向かう。「ア」を強めに発音し，途切れないように注意して，「ウ」を「オ」に近く発音するつもりで軽く添えるとよい。

Exercise 39 Repeat

短め	h*ou*se（名詞）	c*ou*nt	b*ou*nce	ab*ou*t
長め	h*ou*se（動詞）	f*ou*nd	t*ow*ns	al*ou*d
	h*ow*	c*ow*	b*ow*	all*ow*

He was not all*ow*ed to go *ou*t of the h*ou*se.
H*ow* ab*ou*t going to a t*ow*n in the S*ou*th?

◆狭い二重母音と広い二重母音 (2)◆
—— town はタヲン？——

広い二重母音の/aɪ/ /ɔɪ/ /aʊ/では，実際には後半の要素/ɪ/ /ʊ/の高さまで舌が到達しないため，日本人には high が「ハーェ」boy が「ボーェ」，house が「ハオス」のように聞こえることがある。幕末に漂流の末に米国船に助けられ，耳から英語をおぼえたジョン万次郎が書いた英会話教本，『英米対話捷径』でも town にタヲン，how にはハヲのように当時の仮名遣いで発音が示されているが，これも広い二重母音の性質をあらわす良い例と言えるだろう。

5. /oʊ/

home road
grow
例外：bureau soul sew yeoman though gross

/oʊ/を発音するには日本語の「オ」の後に軽く「ウ」を添えれば十分である。

Exercise 40 Repeat

短め	rope	note	loath	gross	post
長め	robe	node	loathe	grows	posed
	row 〈列〉	no	low	grow	Poe

It was so cold that he put on his old overcoat.
You should throw away all those old clothes you've grown out of.

Comparison 17 Repeat

/oʊ/	low	boat	choke	hole
/ɒː/	law	bought	chalk	hall

Quiz 17

1. (saw, sew) 2. (called, cold) 3. (lawn, loan)
4. He (paused, posed) in front of the mirror.
5. Put the rice (balls, bowls) on the table.

6. /juː/

cute feudal few
例外：beautiful

/juː/[3]は他の二重母音と異なり，出だしよりも後半の要素の方が強い。音色は「ユー」に近いが後半は「ユー」よりも唇の丸めが強い。

p.7，脚注1)に述べたように，現在のアメリカ音では/t/, /d/, /n/, /θ/の後で/j/が脱落して/uː/となることが多い：

    student/st(j)úːdənt/, Tuesday/t(j)úːzdeɪ/；dew/d(j)úː/,
    duty/d(j)úːti/；new/n(j)úː/, nude/n(j)úːd/；
    enthusiasm/ɪnθ(j)úːziæzm/

/l/, /s/, /z/の後ではアメリカ音ではもちろん，イギリス音でも/j/は脱落するのが普通である (p.7，脚注1)を参照)：

    absolute/ǽbsəlùːt/, revolution/rɛvəlúːʃən/；suit/súːt/,
    super/súːpɚ/；presume/prɪzúːm/, resume/rɪzúːm/

Exercise 41　Repeat

短め	use (名詞)	abuse (名詞)	cute
長め	use (動詞)	abuse (動詞)	cube
	you	imbue	cue

You can see a cute little girl listening to the beautiful music.
The stubborn mule refused to move.

---

3) /juː/は音声的には半母音/j/ (p.57) と長母音/uː/ (p.85) の連続とみなすこともできるが，歴史的には/juː/は独立した母音だったこと，また現在も英語母語話者には "long u" の母音として考えられていることなどから，本書ではひとつの母音として扱う。

rの二重母音

　図21のように/ɚ/の舌の位置に向かう二重母音はつづり字にrがあり，後半がrの音色を持つ/ɚ/なのでrの二重母音（*r*-diphthong）と呼ばれる。なお/ɚ/はp.86で述べた/ɚː/が弱く短くなった音である。

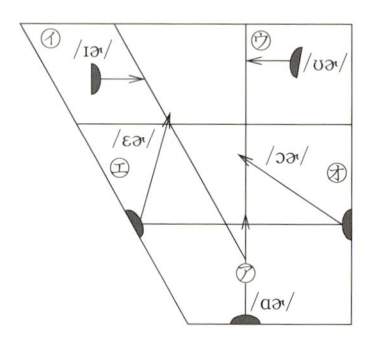

　　7. /ɪɚ/　8. /ɛɚ/　9. /ɑɚ/　10. /ɔɚ/　11. /ʊɚ/

図21　rの二重母音

◆母音の後のr◆

　イギリス音では18世紀頃から徐々に母音の後のrが発音されなくなってしまった結果，アメリカ音にあるようなrの二重母音および長母音/ɚː/ (p.86)，弱母音/ɚ/ (p.107) は存在せず，現在のアメリカ音とイギリス音では以下のような対応が見られる。

例語	b*ee*r	b*ea*r	b*a*r	b*o*re	p*oo*r	*ear*th	teach*er*
アメリカ音	/ɪɚ/	/ɛɚ/	/ɑɚ/	/ɔɚ/	/ʊɚ/	/ɚː/	/ɚ/
イギリス音	/ɪə/	/eə/ /ɛː/	/ɑː/	/ɔː/	/ʊə/ /ɔː/	/ɜː/	/ə/

7. /ɪɚ/

beer **e**ar
here **p**ierce

p.72 で説明した /ɪ/ の後に軽く /ɚ/ を添える。「イァ」のように聞こえるが，出発点の母音は「イ」よりやや「エ」に近い。

Exercise 42 Repeat

短め　　f*ier*ce　　p*ier*ce
長め　　f*ear*s　　p*eer*s　　b*ear*d　　st*eer*ed
　　　　f*ear*　　p*eer*　　b*eer*　　st*eer*

P*ier*ced *ear*rings are sold n*ear* h*ere*.
A man who app*ear*ed to be an engin*eer* was drinking b*eer* ch*eer*fully.

8. /ɛɚ/

care hair
their wear
例外：there scarce

p.73 で説明した /ɛ/ に軽く /ɚ/ を添える。「エァ」のように聞こえるが，出発点の母音は「エ」よりも口の開きがやや大きい。

Exercise 43 Repeat

短め　　sc*ar*ce
長め　　sc*are*s　　b*ear*s　　c*are*d
　　　　sc*are*　　b*ear*　　c*are*

They r*are*ly sh*are* their skiw*ear*.
I sw*ear* that I saw a f*air*-h*air*ed lady sitting in that ch*air*.

Comparison 18 Repeat

/ɛɚ/　　h*air*　　p*air*　　st*airs*　　ch*airs*　　f*air*
/ɪɚ/　　h*ear*　　p*eer*　　st*eers*　　ch*eers*　　f*ear*

Quiz 18

1. (ear, air)　2. (spear, spare)　3. (dear, dare)
4. It has no (peer, pair).
5. Let's give him a (cheer, chair).

9. /ɑɚ/

car

例外：h**ear**t s**er**geant

　p.75 で説明した/ɑ/に軽く/ɚ/を添える。「アァ」のように聞こえるが、出発点の母音は「ア」よりも口の開きが大きく、舌も後ろ寄りなので暗い印象がある。また、後半の/ɚ/はあまり響かないことがある。

Exercise 44　Repeat

短め	cart	harp	chart	larch	part
長め	card	barb	charred	large	parred
	car	bar	char	jar	par

Ch*ar*les has a l*ar*ge b*ar*n on the f*ar*m.
There was a m*ar*k on the gu*ar*d's *ar*m.

Comparison 19　Repeat

/ɑɚ/	st*ar*	h*ear*t	c*ar*ve	f*ar*m	b*ar*n
/ɚː/	st*ir*	h*ur*t	c*ur*ve	f*ir*m	b*ur*n

Quiz 19

1. (heard, hard)　2. (fur, far)　3. (burn, barn)
4. My (hurt, heart) was soothed by his warm words.
5. Her grandfather was a famous (person, parson).

10. /ɔɚ/

horse more board
four door war

「オ」よりやや口を開いた/ɔ/の後に軽く/ɚ/を添えて発音する二重母音で,「オァ」のように聞こえる。

Exercise 45 Repeat

短め	p*o*rt	c*ou*rt	w*a*rt	p*o*rch	s*ou*rce
長め	p*ou*red	c*o*rd	w*a*rd	f*o*rge	s*oa*rs
	p*ou*r	c*o*re	w*a*r	f*ou*r	s*oa*r

The l*o*rd wearing a long sw*o*rd rode his h*o*rse along the sh*o*re. She has to perf*o*rm the b*o*ring ch*o*res in the m*o*rning bef*o*re going to school.

Comparison 20 Repeat

/ɔɚ/	p*ou*r	r*oa*r	s*oa*r	c*ou*rt	sh*o*re	t*o*rt	l*o*re
/ɒː/	p*aw*	r*aw*	s*aw*	c*augh*t	Sh*aw*	t*augh*t	l*aw*
/oʊ/	P*oe*	r*ow*	s*o*	c*oa*t	sh*ow*	t*o*te	l*ow*

Quiz 20

1. (paw, Poe, pour)   2. (caught, coat, court)
3. (laud, load, lord)
4. This (show, shore) has become very popular with tourists.
5. They said they'd (sought, sort) it out for me.

11. /ʊɚ/

poor

tour **s**ure

　p.78 で説明した/ʊ/の後に軽く/ɚ/を添えて発音する二重母音で,「ウァ」のように聞こえる。なお,/ʊɚ/は英語の母音・子音の中で最も出現頻度の低いものである。

Exercise 46　Repeat

1-87

　　m*oor*, p*oor*, t*our*, s*ure*
　　The t*our*ists were l*ure*d to the m*oor*.
　　The p*oor* child was s*ure* that he couldn't go on a t*our* to *Eur*ope.

◆/ʊɚ/の発音あれこれ◆

　/ʊɚ/は本当に出番の少ない音で,発話全体の0.06％という統計もある。つまり母音と子音を全部合わせて1万個出てきたとき,そのうちのわずか6個にすぎないわけで,これは子音の/ʒ/の0.1％よりさらに少なく,まさに「レアもの」なのである。アメリカ英語の話者の中にはこの母音を/ɔɚ/と発音する人も多く,そうするとpoorは/pɔ́ɚ/となって,pourと同じになってしまう。また,sureは/ʃɝː/と発音されることもよくあって,とくに強いyesの意味で使われるときに/ʃɝː/が多い。May I use your dictionary? などとたずねたときに相手の答が「シャー！」と聞こえてもびっくりしてはいけない。「もちろんどうぞ！」と言ってくれているのだから。

弱母音

　現代英語の著しい特徴として，アクセントの強弱の差がきわめて激しいことがあげられる。多少とも強いアクセント，つまり第一アクセントか第二アクセント（p.119 参照）を受ける強母音は常に一定の明確な音色をもっているが，弱いアクセントしか受けない母音は元の明確な音色を失い，短く，あいまいで，弱い音となる。これが弱母音である。

　日本語には弱母音は存在せず，アクセントを受けない位置でも母音が弱化して音色があいまいになるようなことはない。したがって日本人の学習者は，英語の弱母音を思いきって弱くあいまいに発音する習慣を身につける必要があり，これは第 8 章に述べるような英語のリズムを保つためにも重要なことである。

　弱アクセント（p.119 参照）の位置には次の 5 種の弱母音が現れる。

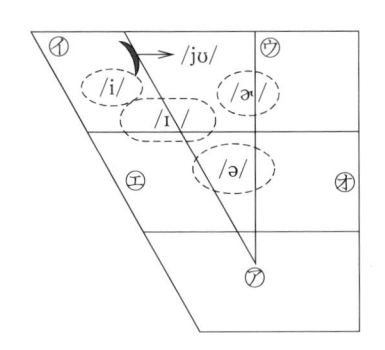

　　　1．/i/　2．/ɪ/　3．/ə/　4．/jʊ/　5．/ɚ/

図 22　弱アクセントの位置に現れる母音

1. /i/

city movie money
colonial cereal
例外：**apostrophe**

この弱母音は，強母音/iː/ (p.80 を参照) よりも舌の位置が低く，弱い「イ」の音色である。
/i/ の現れる主な位置は次の 2 通りである。

1. y, ey, ie で終わる語の語末と，そのような語の活用形：
 cit*y*, mov*ie*, mon*ey*, cit*ie*s, stud*ie*d
2. 母音の前の i, e：colon*i*al, cer*e*al

Exercise 47 Repeat
carr*y*, lil*y*；monk*ey*, vall*ey*；acn*e*, apostroph*e*；
carr*ie*d, lil*ie*s；colon*i*al, prev*i*ous, cer*e*al, simultan*e*ous
Bett*y* was ver*y* happ*y* to see her lil*ie*s bloom beautifull*y*.

2. /ɪ/

artist ticket
foreign bargain village
例外：handkerchief minute biscuit

この母音は子音の前にだけ現れる。強母音の /ɪ/ (p.72 を参照) よりもさらにゆるんだ感じの音で，舌の位置も中舌寄りで非常にあいまいな響きである。ごく弱い「エ」のような音を用いるとよい。また，この母音の現れる位置には次に説明する /ə/ も現れる場合が多いので，どちらの音を発音してもよいことがしばしばある。

Exercise 48 Repeat

artist, intend, music, rapid, vanish ; because, edition, employ, ended, report ; village, bargain, handkerchief ; minute, biscuit
All the employees enjoyed the classical music.

◆ behind はバハインド？ ◆

アメリカ英語では /ə/ の出現する頻度が高く，behind がバハインド，before がバフォーと聞こえて驚くことがあるが，be-, de-, re- のような接頭辞にも /ə/ を用いる人が珍しくない。i のつづり字を持つ dis-, im-, in- のような接頭辞 (display, immoral, intend) や -ic, -ical, -ing, -ish のような接尾辞 (music, comical, reading, vanish) では /ɪ/ が普通だが，それ以外では概して /ɪ/ の現れる位置には /ə/ も現れることが多く，さらに possible, ability, merrily などでは，つづり字が i でも /ə/ のほうが優勢である。

3. /ə/

sofa moment rabbit today
autumn analysis famous

　/ə/は英語の弱母音の代表的なもので，語の中のどの位置にも現れる。つづり字も，あらゆる強母音が弱い位置では弱化して/ə/となりうるので，上の例にあるようにどの母音字も/ə/を表わす可能性がある。

　/ə/の発音の際に唇は緊張しておらず，図22で舌の位置が母音図の外枠から最も離れた，中心に近い領域にあることからもわかるように，音声器官の緊張が非常に弱い状態で発せられる音である。/ə/は例えば誰かに不意に背中を突かれたりしたときに無意識にもれるような，「ア」とも「ウ」ともつかない響きの音で，弱く短くあいまいなことがその特徴であって，これに似た日本語の母音は存在しない。日本人学習者はしばしば/ə/を「ア」に置き換えてしまうので注意が必要である。

Exercise 49　Repeat

　　about, sofa ; children, moment ; possible, vanity ; contain, method ; autumn, support ; curious, famous.
　　A balalaika is a musical instrument of Russia.
　　Water is composed of the elements hydrogen and oxygen.

4. /jʊ/

reg*u*lar doc*u*ment m*u*sc*u*lar

/jʊ/ は p.95 に説明した /juː/ が弱く短くなったもので，日本語の弱い「ユ」と考えてよい。

Exercise 50 Repeat

1-91

arg*u*ment, doc*u*ment, pop*u*lation, sol*u*ble, calc*u*late, circ*u*lar

◆強母音と弱母音の関係◆

以下の例から，強いアクセントの有無によって同じ母音字の発音がどのように対応しているかがわかる。

	強母音	⟷	弱母音	
r*e*flex	/iː/	⟷	/ɪ/	r*e*flect
hab*i*tual	/ɪ/	⟷	/ɪ/, /ə/	hab*i*t
obj*e*ct（動詞）	/ɛ/	⟷	/ɪ/	obj*e*ct（名詞）
sentim*e*ntal	/ɛ/	⟷	/ə/	sentim*e*nt
comp*a*nion	/æ/	⟷	/ə/	comp*a*ny
c*o*nduct（名詞）	/ɑ/	⟷	/ə/	c*o*nduct（動詞）
s*u*bstance	/ʌ/	⟷	/ə/	s*u*bstantial
separ*a*te（動詞）	/eɪ/	⟷	/ə/, /ɪ/	separ*a*te（形容詞）
col*o*nial	/oʊ/	⟷	/ə/	col*o*ny
comm*u*nity	/juː/	⟷	/jʊ/	comm*u*nism

5. /ɚ/

calend*ar* teach*er* doct*or*
confi*r*mation su*r*vive
mart*yr* nat*ure*

　この音は，p.86 で説明した/ɚː/が短く弱くなった弱母音で，一般的な舌のかまえは図18と同じである。また，弱母音なので普通は短く発音されるが，語末ではかなり長くなり，bigg*er*, lett*er*, doct*or*, summ*er* などではそれぞれ語末の/ɚ/のほうが，その前の短母音/ɪ/，/ɛ/，/ɑ/，/ʌ/よりも長い。また teach*er*, lat*er*, ov*er*, farm*er* のような語でも，/ɚ/はその前の長母音や二重母音と同じかそれ以上の長さを持つ。/ɚ/は，調音器官の緊張をゆるめて，短めの/ɚ/のつもりで発音するとよいが，/ɚː/と同様に独特な響きがあるので，実際の発音をよく聞いて習得する必要がある。

　上の例の ar, er, ir, ur, yr のように，すべての「母音字＋r」は弱い位置に現れると/ɚ/となるが，nat*ure*, press*ure* や，pp.132-3 で扱うような *are*, w*ere*, th*ere* の弱形にもまた/ɚ/が現れる。

Exercise 51　Repeat

　　stand*ar*d, p*ar*ticul*ar*; broth*er*, en*er*gy; c*ir*cumference; visit*or*, inf*or*mation; Sat*ur*day; zeph*yr*
　　Robert and Rich*ar*d w*ere* s*ur*prised to see each oth*er* at Harv*ar*d.
　　Our teach*er* is making every eff*or*t to make us work hard*er*.

半弱母音

/ə/はさまざまな条件によってかなりの変動を示す弱母音で，ゆっくりとした丁寧な発音では完全に/ə/まで弱化しきれずに，図23に見るようにそれぞれの強母音から/ə/までの間のいろいろな段階の音色を持つ**半弱母音**(semi-weak vowel) が現れることがある。

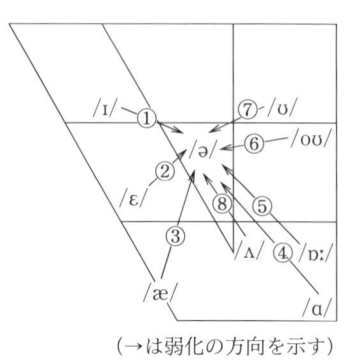

（→は弱化の方向を示す）

図23 半弱母音

半弱母音には次のような場合がある。

1. /ɪ/ → /ə/の間：abil*i*ty, poss*i*ble
2. /ɛ/ → /ə/の間：contin*e*nt, gentlem*e*n
3. /æ/ → /ə/の間：J*a*pan, gentlem*a*n
4. /ɑ/ → /ə/の間：c*o*ntinue, c*o*mbine
5. /ɒː/ → /ə/の間：*au*thority, *au*rora
6. /oʊ/ → /ə/の間：*o*bey, N*o*vember
7. /ʊ/ → /ə/の間：beautif*u*l, caref*u*l；t*o*day, t*o*morrow
8. /ʌ/ → /ə/の間：prod*u*ct, Aug*u*st

Quiz 21 弱母音に下線を引いて指摘しなさい。

balance, concert, control, corner, equal, facsimile, illustration, manager, percent, register, satellite, television, university

6. 音の連続

音節

　日本語の「傘（かさ）」という語を発音してみると，われわれには/ka-sa/のような2つの部分からなっていると感じられる。また，英語のumbrellaという語を発音すると英語話者は/ʌm-brɛl-ə/のように3つの部分からなっていると感じる。このように普通は母音を中心として，前後に切れ目があると感じられる音声上の単位を**音節**（syllable）と呼ぶ。「かさ」は2音節，umbrellaは3音節であるという。

きこえ度

　母音や子音はそれぞれの音色の**きこえ度**（sonority）というものを持っている。きこえ度とは，ある一定のエネルギーで発音されたときにその音がどれくらい遠くまで聞こえるかという度合いのことで，母音は子音よりもきこえ度が大きい。母音の中でも口を大きく開く低母音のほうが，高母音よりもきこえ度が大きい。子音の中ではその調音様式から見て呼気の流れがせき止められる閉鎖音のきこえ度が最も小さく，呼気の流出する度合いが摩擦音，鼻音，側音のように大きくなるにつれ，きこえ度も増す。半母音は，音としての性質は母音であるから，子音の中では最もきこえ度が大きい。きこえ度の順位に従って，最小を1，最大を10とすると次のように示すことができる。

1．無声子音
   a) 閉鎖音：/p/, /t/, /k/
   b) 摩擦音：/f/, /θ/, /s/, /ʃ/, /h/
2．有声閉鎖音：/b/, /d/, /g/
3．有声摩擦音：/v/, /ð/, /z/, /ʒ/
4．鼻音：/m/, /n/, /ŋ/
5．側音：/l/
6．半母音：/j/, /w/, /r/
7．高母音：/iː/, /ɪ/, /uː/, /ʊ/, /i/
8．中高母音：/ɚː/, /ə/, /ɚ/
9．中低母音：/ɛ/, /ʌ/
10．低母音：/æ/, /ɑ/, /ɑː/, /ɒː/

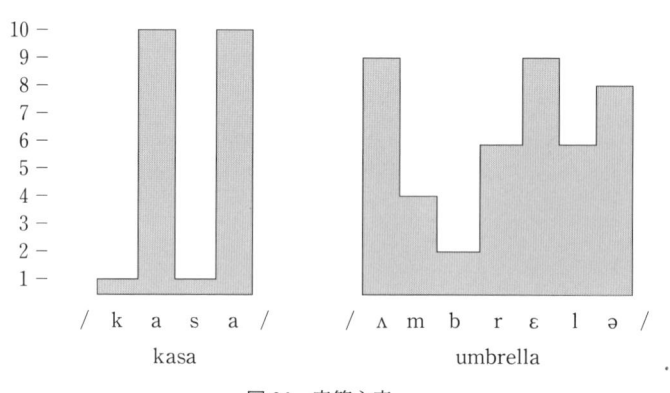

図 24　音節主音

音節主音

　上で示したきこえ度の順位をあてはめてグラフを描くと図 24 のようになるが，1 つの音節の中で頂点をなす音を，その音節の**音節主音**（syllabic）という。「かさ」の音節主音は/a-a/であり，umbrella の音節主音は/ʌ-ɛ-ə/である。英語の二重母音では一般に前の母音のほうが強く発音されて音節主音となるが，後の母音は音節主音とはならないの

で，二重母音は母音2つ分で1つの音節主音となる（p.88を参照）。
　p.119で述べるように，すべての音節は第一アクセント，第二アクセントまたは弱アクセントのいずれかを受ける。

開音節と閉音節

　音節には子音で終わる**閉音節**（closed syllable）と母音で終わる**開音節**（open syllable）とがある。母音をV，子音をCで表わせば，英語にはsea/síː/のようなCVの開音節もあればcat/kǽt/のようなCVCの閉音節もある。しかし日本語には「日」/hi/（CV），「夜」/joru/（CVCV）のような開音節しかない。日本語に閉音節がないので，日本語話者は英語のCVCの終わりのCである語末の子音の発音が苦手である。bag/bǽg/, love/lʌ́v/の最後の/g/, /v/などをしばしば後に母音をつけて［bǽgɯ］,［lʌ́vɯ］のように発音してしまうが，これは日本語式のCVCV型にあてはめて発音するからである。ところが実際の英語では語末の/g/, /v/はp.23およびp.31で述べたように無声化されて［bǽġ］,［lʌ́v̬］となり，日本語話者が母音をつけてその結果無声化しない/g/, /v/は英語らしくないので注意しなくてはならない。

音節主音的子音

　音節主音は普通は母音であるが，子音が音節主音となることもある。きこえ度の比較的小さな子音の次に，きこえ度の比較的大きな子音が続き，その次に母音がない場合には，きこえ度の大きい子音が音節主音となる。これを**音節主音的子音**（syllabic consonant）と呼ぶ。例：pris*m*, butto*n*, sadd*l*e

図25 音節主音的子音

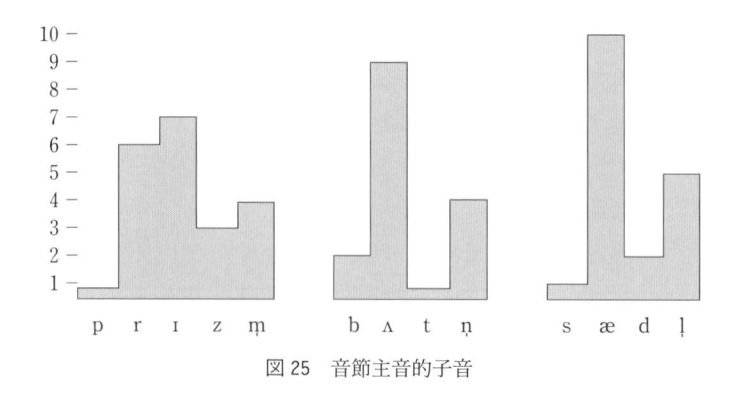

音節主音は記号の下に/ ̬/をつけて示す：pris*m*/prízm̩/, butto*n*/bʌ́tn̩/, sadd*le*/sǽdl̩/。きこえ度の比較的高い/m/, /n/, /l/が音節主音的子音となりやすい。

鼻腔破裂

/t/から/n/, または/d/から/n/へと移行する際には両者の調音位置はともに歯茎であるため, 舌先はまったく移動しない。ただ口蓋垂と軟口蓋後部が下がって鼻腔への通路を開くだけなので, 呼気は鼻腔へ抜ける。このような開放を鼻腔破裂（nasal plosion）という。したがってbutton/bʌ́tn̩/, sudden/sʌ́dn̩/などでは/t/, /d/から/n/へと移るとき舌先を歯茎から離さないよう注意する必要がある。

側面破裂

/t/から/l/, または/d/から/l/へと移行する際には両者の調音位置はともに歯茎であるため, ここでも舌先は歯茎についたままである。/t/, /d/では舌先が歯茎に接触して完全に閉鎖がつくられているが, /l/へと移るときに舌の両側または片側の通路が開いて呼気はそこから抜ける。このような開放を側面破裂（lateral plosion）と呼ぶ。したがって little/lítl̩/, battle/bǽtl̩/では舌先を歯茎につけたまま「リトー」, 「リトゥー」, 「バトー」, 「バトゥー」, middle/mídl̩/, idle/áɪdl̩/では

「ミドー」,「ミドゥー」,「アイドー」「アイドゥー」と発音するとよい[1]。

/nl/ の場合も同様で, /n/ から /l/ へと舌先は歯茎についたままで,「ノー」または「ヌー」と発音するようにすればよい。したがって tunnel /tʌnl̩/ は「タノー」,「タヌー」, channel /tʃǽnl̩/ は「チャノー」,「チャヌー」のように聞こえる。

Exercise 52　Repeat

prism　button　sudden　saddle　little　tunnel　channel

Quiz 22　次の語は何音節か答えなさい。

1. bay　2. thought　3. matches　4. suddenly　5. rhythm
6. snake　7. candle　8. listen　9. hatched　10. wished

音節内の子音の結合

英語の音節は母音を中心にして、その前後に子音を伴うことができる。その際、母音の前では3つまで、母音の後では4つまでの子音の結合が許される。母音をV、子音をCとし、母音の前の子音を母音に近いほうから C^1, C^2, C^3, 母音の後の子音を母音に近いほうから C_1, C_2, C_3, C_4 とすると、英語の音節は最大で $C^3C^2C^1VC_1C_2C_3C_4$ というものが可能である。例：strengths /stréŋkθs/

日本語の音節の構造は基本的には CV であり、子音がつながることはほとんどないので日本語話者が英語を発音する際、子音の結合で多少困難を感じることがある。間に母音を入れないようにするほか、p.56 で説明したように、アクセントのある音節で /p/, /t/, /k/ の後の /l/, /r/ が無声化すること、母音の後に閉鎖音が2つ連なるときには最初の

---

[1] p.26 で述べたようにアメリカ発音ではこの位置に「たたき音の t」が現れることがある。そのようなときには「リロー」,「バロー」ないし「リルー」,「バルー」のように聞こえることがある。

閉鎖音の破裂の部分が省略されること（p.22 参照）などに気をつける必要がある。

単語間の音連続

　子音で終わる語の次に，切れ目なく母音で始まる語が続くような句を発音する時には，注意が必要である。例えば made in England の場合，日本語話者は文字の間の空間に気をとられ，それぞれの単語を切り離して発音しがちである。しかも日本語では子音が語末にくることがないので，/méɪd/ の後に [o] のような母音を入れ，また日本語の語末の「ン」は舌先が歯茎につかない口蓋垂鼻音の [N] であるため /ɪn/ の /n/ にこれを用いてしまう。このため日本語話者が made in England を発音すると [méɪdᵒ ɪN íŋɡləndᵒ]（メイド・イン・イングランド）のようになりやすく，とても不自然である。このような場合，語と語の間を切らずに /méɪdɪníŋɡlənd/（メイディニングランド）のように続けて発音する努力をすることが必要である。

　とくに /n/ に関しては，上でも述べたとおり，日本語の語末の「ン」が [n] ではなく [N] のため，句の中で an apple /ən ǽpl/ のように /n/ で終わる語の次に母音で始まる語が続くとき，日本語話者はこれらの音をうまく結びつけられないことが多い。このような場合，/n/ の次に来る語は母音ではなく「ナ行」の音で始まるようなつもりで発音するとよい。

　以上のように語末の子音とそれに続く語頭の母音はつながって発音されるが，一つ注意すべきなのは，語末の子音は完全に後続の語の母音と一体になって後の音節に移ってしまうわけではないということである。例えば，a name /ə néɪm/ では /n/ からアクセントが強くなり，an aim /ən éɪm/ では /eɪ/ からアクセントが強くなる，という区別を英語話者はしている。また look out /lʊ́k áʊt/ のように語末の無声閉鎖音の次にアクセントのある母音で始まる語が続くときでも，この閉鎖音は気音を伴

わない。

Exercise 53　Repeat

First of all, Once upon a time, in an instant, within an hour, believe it or not
There was an old woman who lived in a shoe. 《マザーグース》
Jack and Jill went up the hill to fetch a pail of water.
　　　　　　　　　　　　　　　　　　　　　《マザーグース》

Quiz 23　下線部に入る英語を聞きとって書きなさい。

1. _____, it was a good year.
2. Marilyn did all the work _____.
3. The film was shot on location _____ London.
4. You'll have to go to the library _____.
5. You _____ if you want.

音の脱落

　改まってゆっくりした発話では発音される音が、くだけた速い会話では落ちてしまうことがある。この現象を脱落 (elision) と呼ぶ。
　母音の脱落がもっとも著しいのは弱母音/ə/である。次の例で/(ə)/で示された母音は、会話では脱落するのが普通である。母音が1つ脱落すると、音節が1つ減る。

　　camera/kæm(ə)rə/, factory/fækt(ə)ri/, family/fæm(ə)li/,
　　history/híst(ə)ri/, natural/nætʃ(ə)rəl/

　子音が2つ以上連続したとき、そのうちの1つが脱落することがある。3子音連続の中央の/t/, /d/の場合がとくに多い。子音が脱落しても音節の数は減らない。

/t/：exac*t*ly/ɪgzǽk(t)li/, mos*t*ly/móʊs(t)li/, pos*t*card/póʊs(t)kɑɚd/

/d/：han*d*bag/hǽn(d)bæg/, kin*d*ness/káɪn(d)nəs/, læn*d*scape/lǽn(d)skèɪp/

次のように単語間で子音が連続するときにも/t/, /d/はしばしば脱落する。

/t/：don'*t* know/dòʊn(t)nóʊ/, mus*t* go/məs(t)góʊ/, smok*ed* salmon/smóʊk(t)sǽmən/

/d/：ol*d* man/òʊl(d)mǽn/, age*d* ten/éɪʤ(d)tɛ́n/, corne*d* beef/kɔ́ɚn(d)bíːf/

同化

2つの音が続くときに，一方の音が他方の音に似る現象を同化 (assimilation) という。例えばcomfort/kʌ́mfɚt/のような語で，唇歯摩擦音/f/の前の両唇鼻音/m/が唇歯鼻音の［ɱ］になったりする調音位置の変化を調音位置の同化という。これに対してhave to/hǽftʊ/の場合のように，有声子音/v/が後に続く無声子音/t/に引かれて無声化して/f/となるような変化は声の同化という。また同化には先行の音が後続の音に影響を与える進行同化と，その逆の逆行同化とがある。

《調音位置の同化》

i) 進行同化：happen/hǽpn̩/→/hǽpm̩/

ii) 逆行同化：pancake/pǽnkèɪk/→/pǽŋkèɪk/, ten girls/tɛ́ngɚ́ːlz/→/tɛ́ŋgɚ́ːlz/

《声の同化》

i) 進行同化：please/plíːz/→[pl̥íːz] cry/kráɪ/→[kɹ̥áɪ]

ii) 逆行同化：of course/əvkɔ́ɚs/→[əfkɔ́ɚs] have to/hǽvtə/→[hǽftə]

《融合同化》

隣接し合う2つの音が互いに影響し合って両者に似た性質を持つ別個の音に変化する現象をいう。後続する音は/j/であることが多い。

/t/＋/j/→/tʃ/　　Nice to meet you.
/d/＋/j/→/dʒ/　　Did you get it?
/s/＋/j/→/ʃ/　　I'm going abroad this year.
/z/＋/j/→/ʒ/　　As you know,

7. アクセント

英語のアクセント・日本語のアクセント

communication という語は/kə-mjuː-nə-keɪ-ʃən/のように5つの音節に分けることができるが，この語を単独に発音すると4番目の/keɪ/という音節が最も目立って聞こえる。それは下のようにこの音節が最も強くまた高く発音されるうえに，ここでピッチ（声の高さ）が急激に下降するからである。[1]

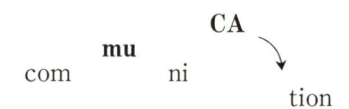

```
                    CA
          mu              ↘
   com          ni
                             tion
```

このようなときに/keɪ/の音節に最も強いアクセント，すなわち第一アクセント（primary accent）があるという。次に強い（そして少しピッチが高い）のは/-mjuː/の音節で，ここには第二アクセント（secondary accent）があるとする。

残りの音節はすべて弱く発音され，弱アクセント（weak accent）があるという。第一アクセントは母音記号の上に/ ́/，第二アクセント

---

[1] 音節の間の強さの程度の違いを厳密には強勢（stress）と呼ぶ。しかし英語ではある音節が他の音節より際立つのは強さによる違いだけでなく，その音節のピッチの高さや母音の長さなども関与する。ことに第一アクセントにおいてはそこでピッチが急激に下降することが大きな要因をなしている。

は/ ˋ /をつけて示し，弱アクセントには記号を用いない。したがってcommunicationのアクセントは/kəmjûːnəkéɪʃən/のように示される。[2]

また単にアクセント型だけを抽出して示すときには，

・　●　・　●ˋ　・
com mu ni ca tion

のようにピッチの急激な下降を伴う第一アクセントには●ˋ，第二アクセントには●，弱アクセントには・を用いて示すこととする。

強母音は常に第一アクセントまたは第二アクセントを伴った音節に現れ，弱母音は常に弱アクセントの音節に現れる。/ɪ/と/ʊ/は強母音にも弱母音にもなりうるので，第一アクセント，第二アクセントおよび弱アクセントのすべての音節に現れる。p.111で述べた音節主音的子音から成る音節は常に弱アクセントである。

これに対して日本語のアクセントは主としてピッチの高低によって語の意味が区別される高低アクセントである。[3] 東京語のアクセントには「アクセント核」というものがあって，アクセント核のない語は，

　　　　シ　　　タチ　　　モダチ　　　ダマヤキ
　　ウ〈牛〉カ〈形〉ト〈友達〉メ〈目玉焼〉

のように語頭の第一音節[4]が低く，第二音節は自動的に高くなり，その後は少しずつ低くなりながら高めのピッチが続く。

これに対してアクセント核のある語は，語頭の第一音節が低く，第二音節が自動的に高くなり，その後は少しずつ低くなりながら高めのピッチが続く点では上記のアクセント核のない語と同じだが，アクセント核のある音の直後にピッチが急に下がる点が特徴である（アクセント核の

---

2) IPAでは/kəˌmjuːnəˈkeɪʃən/のように，第一・第二アクセントのある音節の直前にそれぞれ/ˈ/，/ˌ/をつけて示す。
3) 日本語のアクセントについてはNHK放送文化研究所編『日本語発音アクセント辞典　新版』日本放送出版協会（1998）および金田一・秋永『新明解日本語アクセント辞典　CD付き』三省堂（2010）を参照。
4) 正確には「拍」または「モーラ」(mora) というべきもの。

位置を ˥ で示す)。

ナ˥ ツダ˥ ワカア˥
ハ ヤ〈花屋〉 テ イ〈手伝い〉 ニ メ〈にわか雨〉

ただし語頭の第一音節にアクセント核があるとそこが高く，その直後に急激にピッチが下降する。

ソ˥ イ˥ コ˥
ラ〈空〉 ノチ〈命〉 ウモリ〈こうもり〉

このような日本語（東京語）のアクセントの型を持ち込んで英語の communication を発音すると

コ ミュ ー ニ ケ ー ショ ン

となって，正しい英語のアクセント型とは程遠いものになってしまうので注意が必要である。

語アクセント

上の communication で示したように単語を形成するいくつかの音節のアクセントを**語アクセント**（word accent）と呼ぶが，普通は単にアクセントと呼ぶことも多い。

英語においてはすべての語が本来第一アクセントを持っている。したがって1音節語が単独に発音されたときはアクセント型は ●↘ となる。[5)]

desk/dέsk/ time/táɪm/ house/háʊs/

以下では2音節語，3音節語のいろいろなアクセント型を示す。（4音節語以上は省略した。）

5) 辞書や教科書では1音節語のアクセントの位置は自明なので，とくにアクセント記号をつけないものも多い。

2音節語には次のようなアクセント型がある。

🎧 2-1
- ●᷄ ・ ：córner, líly, mórning, óver, téacher
- ・ ●᷄ ：agó, behínd, machíne, políce, replý, todáy
- ●᷄ ● ：cóntèxt, fémàle, prófìle, prógràm, wíndòw
- ● ●᷄ ：àntíque, bàmbóo, Chìnése, thìrtéen, ùnknówn

●᷄・と●᷄●，および・●᷄と●●᷄の差は，・に相当する音節には弱母音，●にあたる音節には強母音が現れることである。しかし上のような語において第一アクセントの直前または直後の第二アクセントは後述するリズムの影響でかなり弱くなる傾向がある。[6]

3音節語には次のようなアクセント型がある。

🎧 2-2
- ●᷄ ・ ・ ：ánimal, cháracter, háppily, pólicy, séntiment
- ・ ●᷄ ・ ：diréction, enórmous, impórtant, Pacífic, together
- ●᷄ ・ ● ：áppetìte, éducàte, ínfantìle, phótogràph, télephòne
- ● ・ ●᷄ ：àfternóon, dìsappóint, èngineér, sèventéen, ùnderstánd
- ● ●᷄ ・ ：ùnháppy, pòstpónement, rèópen, Sèptémber
- ● ●᷄ ● ：tobáccò, tomátò

最後の2つの型は少ない。

接辞と語アクセント

ある語に接辞（affix）がついて別の語が生成されることを派生といい，派生によってできた語を派生語という。接辞の中には語アクセントに影響を与えないものも多く，例えば care に -ful，さらに -ness や -ly がついても cáre, cáreful, cárefulness, cárefully のように語アクセントの位置には変化がない。

しかし，接辞の中には語アクセントに影響を与えるものもあり，例え

---

6) 一般の英和辞典では第一アクセントの直前または直後の第二アクセントには記号をつけないものも多い。

ば Japan に -ese がつくと Japan/ʤəpǽn/→ Japanese/ʤæpəníːz/ のように第一アクセントが -ese に移動するだけでなく，最初の音節が弱アクセントから第二アクセントに変わり，Ja- は /ʤə/→/ʤæ̀/，-pa- は /pǽ/→/pə/ となって，強母音と弱母音が入れ替わる。同様に，combine に -ation がつくと combine/kəmbáɪn/→ combination /kɑ̀mbənéɪʃən/ となって第一アクセントが -ation に移動するだけでなく，最初の音節が弱アクセントから第二アクセントに変わり，com- は /kəm/→/kɑ̀m/ に，-bi- は /báɪ/→/bə/ となって，強母音と弱母音が入れ替わる。

接尾辞の中にはきまったアクセント型をとるものがある。
　1．それ自身が第一アクセントをとるもの（普通 2 音節前に第二アクセントがある）：

　　-ee：guàrant*ée*, èmploy*ée*, exàmin*ée*
　　-eer：èngin*éer*, pìon*éer*, vòlunt*éer*
　　-ese：Chìn*ése*, Jàpan*ése*, Pòrtugu*ése*
　　-ology：bi*ólogy*, psỳch*ólogy*, sòci*ólogy*
　　-ometer：bar*ómeter*, speed*ómeter*, therm*ómeter*[7]

　2．1 音節前に第一アクセントをとるもの：

　　-ian：Austrál*ian*, lìbrár*ian*, musíc*ian*
　　-ic：atóm*ic*, àutomát*ic*, Pacíf*ic*
　　-ity：abíl*ity*, commún*ity*, pèrsonál*ity*
　　-sion：confú*sion*, diví*sion*, expán*sion*
　　-tion：àmbí*tion*, eléc*tion*, rèsolú*tion*
　　-ual：bìlíng*ual*, ìntelléct*ual*, ìndivíd*ual*

　3．2 音節前に第一アクセントをとるもの（それ自身は第二アクセントをとる）：

---

[7] kilometer はもともと kilo+meter であるから /kíləmìːtɚ/ と発音されていたのだが，最近はこのアクセント型の影響を受けて /kəlámətɚ/ の発音が多くなった。

-ate（3音節以上の動詞）：commúnic*ate*, grádu*ate*, hésit*ate*
-fy：clássi*fy*, idénti*fy*, sátis*fy*
-graph：pára*graph*, phóto*graph*, téle*graph*
-ite：áppet*ite*, dýnam*ite*, sátell*ite*
-tude：átti*tude*, gráti*tude*, mágni*tude*

Quiz 24 次の語はどの型のアクセントか。

(a) ◗・　　(b) ・◖　　(c) ◖　●　　(d) ◖・・
(e) ・◖・　(f) ◖・●　(g) ●・◖

1. ballance　2. climax　3. collect　4. comment
5. energy　6. entertain　7. magnitude　8. surprising
9. tendency　10. universe

複合語アクセント

　2つ（以上）の単語が密接に結びついて1つの語のようにまとまったものを複合語（または合成語）と呼び，複合語のアクセントを複合語アクセント（compound accent）と呼ぶ。複合語のアクセント型には次の2つがある。

1. ◖＋●：第1要素に第一アクセント，第2要素に第二アクセントを持つもの
2. ●＋◖：第1要素，第2要素ともに第一アクセントを持つが，普通第2要素の第一アクセントの所でピッチが著しく下降する。したがって第2要素の第一アクセントのほうがやや強く聞こえる。

1．◖＋●の型

　名詞的複合語に多いアクセント型である。第1要素の語アクセント型はそのまま保たれるが，第2要素の第一アクセントは第二アクセントに格下げとなる。

airport	air	+	port	→ airport
honeymoon	honey	+	moon	→ honeymoon
grandfather	grand	+	father	→ grandfather
police station	police	+	station	→ police station

「……を……するもの」「……を……すること」という意味の複合語は「第1要素に第一アクセント，第2要素に第二アクセント」の型をとる。

cán òpener, shóemàker；hóusekèeping, bírd wàtching

2．●+◗ の型

　形容詞的，副詞的および動詞的な複合語に多いアクセント型であるが，名詞的複合語でもこの形をとるものがある。第1・第2要素の語アクセントはそのまま保たれるが，第1要素の第一アクセントでは通常ピッチの変動がなくなって，◗から●となる。

◆語強勢の予測大作戦◆

　語強勢の位置の予測はわれわれにとって悩みの種だが，実は意外に簡単なのである。ある研究によれば英語の基本的な語彙2万5千のうち約15％が単音節語，40％が2音節語であって，その2音節語のうち80％以上は第一音節に強勢があるという。次に3音節語は全体の26％，そのうち60％は第一音節に強勢があるというのだから，少々乱暴ではあるが「迷ったら第一音節を強く」といっても的中率は高い。さらに récord と recórd などでわかるように名詞では第一音節，動詞では末尾音節が強いという傾向もあるから，これを頭に入れておけばもっと安心だろう。

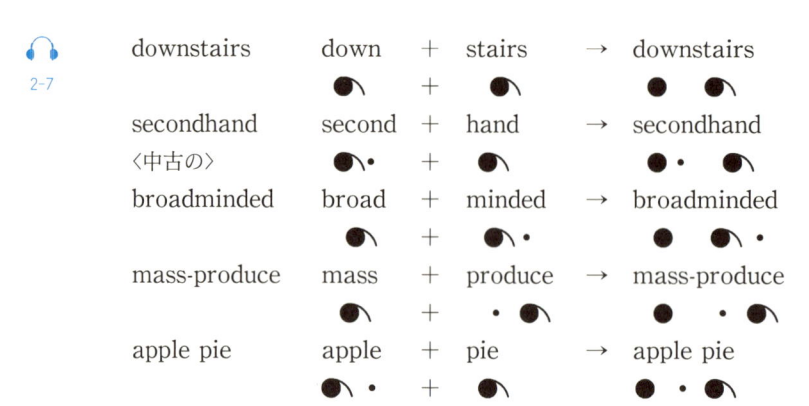

downstairs	down	+	stairs	→	downstairs
secondhand 〈中古の〉	second	+	hand	→	secondhand
broadminded	broad	+	minded	→	broadminded
mass-produce	mass	+	produce	→	mass-produce
apple pie	apple	+	pie	→	apple pie

句アクセント

2つ以上の語が並んで句になったときのアクセントの型を**句アクセント** (phrase accent) という。以下いくつかの場合を考えてみよう。

1．形容詞＋名詞　　●●＼の型が原則

hám ily, hót cóffee, néw yéar, béautiful flówer

Comparison 21

句アクセント	複合語アクセント
●●＼	●＼●
bláck bírd 〈黒い鳥〉	bláckbìrd 〈つぐみの一種〉
dárk róom 〈暗い部屋〉	dárkròom 〈暗室〉
whíte hóuse 〈白い家〉	Whíte Hòuse 〈大統領官邸〉

2．名詞＋名詞　　●＋●＼の型が原則

前の名詞が後の名詞に対して形容詞的な役割を果たす。

spríng flówers, gárden cíty, pínch rúnner, súmmer hóliday

Comparison 22

句アクセント　　　　　　　　複合語アクセント
●　◕　　　　　　　　　　　◕　●

wóman dòctor〈女性の医師〉　　wóman dòctor〈婦人科医〉
gláss càse〈ガラス製の箱〉　　gláss càse〈グラス入れ〉
tóy dòg〈おもちゃの犬〉　　　　tóy dòg〈愛玩用小型犬〉

 3 ．分詞＋名詞　●　◕ の型が原則

分詞が後の名詞を修飾するので形容詞＋名詞と同じ型をとる。

crýing chíld, rúnning hórse, bróken wíndow, fállen léaves

Comparison 23

句アクセント　　　　　　　　複合語アクセント
（分詞＋名詞）　　　　　　　（動名詞＋名詞）
●　　◕　　　　　　　　　　　◕　●

dáncing tèacher〈踊っている先生〉　　dáncing tèacher〈舞踊教師〉
sléeping bàby〈眠っている赤ん坊〉　　sléeping càr〈寝台車〉
smóking còal〈くすぶっている石炭〉　smóking ròom〈喫煙室〉

 4 ．動詞＋副詞　●　◕ の型が原則

stánd úp, lóok dówn, púsh ín, wásh awáy

しかし come, get, go, make, put, take などのように，動詞の意味が比較的漠然としている場合は ● ◕ の型をとることが多い：

còme báck, gò óut, gèt ón, màke awáy, pùt óff, tàke úp

なお，他動詞で目的語をとる場合，目的語が代名詞ならこれらの型は変わらず，púsh it ín, pút it óff 等となるが，目的語が名詞の場合は語順にかかわらず名詞が副詞より強くなることが多い：

pùsh it ín, pùsh the péople ìn, pùsh ìn the péople
pùt it óff, pùt the méeting òff, pùt òff the méeting

Exercise 54 Repeat

Stand up!
When will you come back?
I'm afraid we have to put the meeting off until Saturday.
I'm afraid we have to put off the meeting until Saturday.
I'm afraid we have to put it off until Saturday.

文アクセント

単語が文中で受ける強いアクセントを文アクセント（sentence accent）という。英語では文中の単語はすべて同じアクセントを受けるのではなくて，ある語は強いアクセントを受け，ある語はアクセントを受けない。これは英語の特徴として日本語とは非常に違う点なので，日本人の学習者は十分に注意しなければならない。

たとえば He told us to come. という文は
/híː tóʊld ʌ́s túː kʌ́m/ とは発音されないで
/hɪ tóʊld əs tə kʌ́m/ と発音されるのが普通である。

文中でアクセントを受ける語はしばしば内容語（content word）と呼ばれる意味のはっきりした重要な語で，これに対し文アクセントを受けない語はそれ自体の意味があいまいなので文中では比較的重要でない語で，しばしば機能語（function word）と呼ばれる。文アクセントを受けるのはその語の第一アクセントのある音節である。

文アクセントを受ける語と受けない語の種類

文アクセントを受ける語 (内容語)	文アクセントを受けない語 (機能語)
1．名詞	1．冠詞
2．形容詞	2．人称代名詞
3．数詞	3．関係代名詞，関係副詞
4．指示代名詞，指示副詞	4．不定形容詞
5．疑問代名詞，疑問副詞	5．助動詞と be 動詞
6．動詞（動名詞，現在分詞，過去分詞を含む）	6．前置詞
7．副詞	7．接続詞
8．感嘆詞	

次は文アクセントを受けずに弱く発音される機能語である。それぞれの弱い発音については，pp.131-3 を参照。

1．冠詞
 Tóm áte *an*/ən/ ápple and a/ə/ péar.
2．人称代名詞
 I'll téll *her*/(h)ɚ/[8] to táke them/ðəm/ awáy.
3．関係代名詞，関係副詞
 Thís is the hóuse *that*/ðət/ Jáck búilt.
 They vísited the tówn *where*/(h)wɛɚ/ Chríst was bórn.
4．不定形容詞（軽い「いくらか」の意味の some や any）
 Gíve me *some*/səm/ cóffee.
 He hásn't gót *any*/əni/ móney.
5．助動詞と be 動詞
 The bóys and gírls *can*/kən/ swím.
 We'll/wiːl/ stárt éarly.

---

8) tell her は/h/が消えて teller のような発音となることがある。(p.132 を参照)

I'm /aɪm/ cóming.

ただし, -n't のついた否定形は強いアクセントを受ける。
He dŏesn't líke báseball.
We wŏn't be in tíme for the tráin.

6. 前置詞
They arríved at /ət/ a víllage.
The désk is máde of /əv/ wŏod.
ただし文の最後に来るときには, 前置詞は少し強く発音される。
Whát are you lóoking àt ?
Whát is thìs désk máde òf ?

7. 接続詞
Gó and /ən/ búy some éggs.
You'll fínd that /ðət/ you're wróng.

次のような場合には機能語であっても強い文アクセントを受ける。

1. 助動詞や be 動詞が単独で文の終わりに来たとき
Can you pláy ténnis ?── Yés, I căn.
Do you knów her addréss ?── Yés, I dŏ.

2. 強意の do
I dŏ remèmber it véry wéll.
Whý dìdn't you téll me ?── I díd tèll you.

3. other(s) などと対照して用いられた some
Sŏme thínk so, but ŏthers dŏn't.

内容語であっても次のような語は文中で第二アクセント程度にまで弱く発音される。

1. 比較級および最上級を表す more, most は普通は強く発音されない
Pléase spèak mòre slówly.
Máry is the mòst intélligent gírl in our cláss.

2. 再帰的な意味に用いられた再帰代名詞
He wáshed himsèlf. 〈彼は自分の体を洗った〉

ただし再帰代名詞は強調的な意味のときには強く発音される。次の文と上の文とのアクセントの相違による意味の違いに注意：
　　　He wáshed himsélf.〈彼は（人手を借りずに）自分で洗った〉
3．漠然とした人・ものなどを指す名詞（修飾語を伴う）：thing, man, person, place など
　　　Thát's a hárd thìng to dó.
　　　He is an éasy pèrson to gèt alóng wìth.
　　　I was at the appóinted plàce on tíme.
4．回数・倍数を表す time や物質名詞を数えるときの piece など
　　　There are fíve pìeces of chálk in the bóx.

強調や対比のために機能語が特に強いアクセントを受けることがある。

　　　I cán swìm.〈泳げるとも〉
　　　He wás thère.〈彼は確かにそこにいた〉（He was thére.と比較）
　　　They vóted fór the bíll (not agáinst it).〈議案に（反対でなく）賛成投票をした〉

強形と弱形

文中では普通弱く発音される1音節の機能語は，強く発音された場合と弱く発音された場合とでは母音（および子音）が違うことがある。そのようなとき，強い発音の形を強形（strong form），弱い発音の形を弱形（weak form）と呼ぶ。次はその主なものである。強形では強母音が現れ，弱形では弱母音が現れることに注意。(p.69 参照)

	《強形》	《弱形》
1．冠詞		
a	/éɪ/	/ə/
an	/ǽn/	/ən/
the	/ðíː/	/ðə/（子音の前），/ði/（母音の前）

2．人称代名詞

you	/júː/	/jʊ, jə/（子音の前），/ju/（母音の前）
he	/híː/	/(h)i, iː/
she	/ʃíː/	/ʃi/
we	/wíː/	/wi/
me	/míː/	/mi/
him	/hím/	/ɪm/
her	/hə́ː/	/(h)ɚ/
us	/ʌ́s/	/əs/, /s/（let's の場合）
them	/ðɛ́m/	/ðəm, əm/
our	/áʊɚ, áɚ/	/ɑɚ/
your	/jɔ́ɚ/	/jɚ/
his	/híz/	/(h)ɪz/
their	/ðɛ́ɚ/	/ðɚ/

3．不定形容詞

some	/sʌ́m/	/səm, sm̩/
any	/ɛ́ni/	/əni/

4．助動詞

be	/bíː/	/bi/

（以下 be 動詞の変化形は本動詞の場合も含むが，do および have は助動詞のときだけ弱形が用いられる。）

am	/ǽm/	/əm, m/
is	/íz/	/ɪz, z, s/
are	/áɚ/	/ɚ/
was	/wáz/	/wəz/
were	/wə́ː/	/wɚ/
been	/bín/	/bɪn/
can	/kǽn/	/kən, kŋ/
could	/kʊ́d/	/kəd/
do	/dúː/	/də/（子音の前），/du/（母音の前）
does	/dʌ́z/	/dəz/
have	/hǽv/	/(h)əv, v/
has	/hǽz/	/(h)əz, z, s/
had	/hǽd/	/(h)əd, d/

must	/mÁst/	/məs(t)/
shall	/ʃǽl/	/ʃəl/
should	/ʃʊ́d/	/ʃəd/
will	/wíl/	/(w)əl, l, l̩/
would	/wʊ́d/	/(w)əd, d/

5．前置詞

at	/ǽt/	/ət/
for	/fɔ́ɚ/	/fɚ/
from	/frÁm/	/frəm/
of	/Áv/	/əv/
till	/tíl/	/tl̩/
to	/túː/	/tu/ （母音の前および文尾）
		/tə/ （子音の前）

6．接続詞

and	/ǽnd/	/(ə)n/
as	/ǽz/	/əz/
than	/ðǽn/	/ðən/
nor	/nɔ́ɚ/	/nɚ/
or	/ɔ́ɚ/	/ɚ/
that	/ðǽt/	/ðət/

7．副詞

so	/sóʊ/	/sə/
there	/ðɛ́ɚ/	/ðɚ/

there の弱形は「存在」を表すときにだけ用いられる。

There were/ðɚwɚ/ no books there/ðɛ́ɚ/.

人称代名詞・助動詞・接続詞などは文頭にくると強い強勢がなくても強形が現れることが多い。

He /hiː/ lístened but could héar nóthing.
Can /kæn/ you fínish it by yoursélf?
Have /hæv/ you éver been to Hawáii?
As /æz/ we wènt úp, the áir gréw cólder.

Quiz 25 弱形では，複数の機能語の発音が同じになることがある。カッコの中に入る機能語はそれぞれなにか，音声を聞いて何の弱形かを判断し，短縮されない形を書きなさい。

1. Jack (　　) here and John (　　) here, too.
2. Jack (　　) finished writing.
3. It was the best picture I (　　) ever seen.
4. I (　　) like to see the picture.
5. The boys (　　) Japanese.
6. All the judges praised (　　).
7. The boys (　　) eaten them.
8. The boys (　　) Eton live in dormitories.
9. He works in (　　) office.
10. It rained on (　　) off all day.

8. リズム

音節を基本単位とする日本語のリズム

　音声の流れの中で音の強弱や長短が規則的に繰り返される現象をリズム（rhythm）という。日本語のリズムの基本は音節である。日本語話者は1つの音節がVだけ（「絵」/e/）でも，CV（「手」/te/）でも，ほぼ同じ長さで発音する。そして2音節は1音節の2倍，3音節は3倍の長さで発音する傾向がある。このように日本語には音節に等時性（isochronism）がある。1音節の「手」/te/に対して2音節の「手間」/tema/は2倍，3音節の「手紙」/tegami/は3倍の長さである。

アクセントを基本単位とする英語のリズム

　これに対して英語のリズムの基本はアクセント（強勢）で，第一アクセントまたは第二アクセントの強いアクセントが時間的にほぼ等しい間隔で繰り返される傾向がある。つまり英語では強アクセントに等時性が存在する。したがって，

●	● ・	● ・ ・
kind	kindness	kindliness
（1音節）	（2音節）	（3音節）

の長さは日本語のように1：2：3とはならず，それほど変わりはない。1音節語のkindは長く発音されるが，2音節語のときのkind-は多少縮まり，3音節語のときのkind-はかなり縮まって発音される。さらに

弱アクセントの-ness や-li-はごく短く発音され結果的に語全体を発音するのにかかる時間は，1音節の kind を発音するのと同じになるのである。また1から12までを数えるとき，

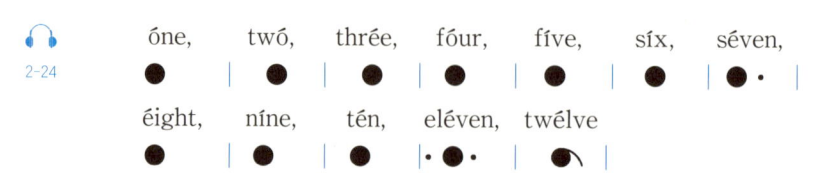

óne,	twó,	thrée,	fóur,	fíve,	síx,	séven,
●	●	●	●	●	●	●·

éight,	níne,	tén,	eléven,	twélve
●	●	●	·●·	◗

のように seven と eleven 以外はすべて1音節であり，それぞれのアクセントのある母音は同じくらいの長さに発音されるが，2音節語 seven の/sɛv-/の母音はやや短く，3音節語 eleven の/-lɛv-/の母音はもっと短く，また seven と eleven の/-vən/の母音はかなり短く，さらに eleven の語頭の/ɪ/はごく短く発音され，結果として｜ ｜の間の長さはほぼ等しくなる。

　同じことは，さらに長い句や文でも起こる。次の文は下に行くに従って語数が増えて長くなっているが，増えたのは弱く発音される機能語や弱音節ばかりで，強いアクセントのある語（音節）の数は変わらず3つであるから，｜ ｜の間の長さはほぼ等しく発音され，結果的に3つの文はすべてほぼ同じ時間をかけて発音される。

Dógs	|	híde	|	tóys.
The dógs	|	are híding	|	the tóys.
The dógs	|	will have hídden	|	the tóys.

　日本人学習者は，上のような場合に日本語式に音節単位のリズムを持ち込むことが多いが，これは英語としては非常に奇妙なリズムとなるので注意が必要である。

英語のアクセント型

　次の語・句・文では，同じアクセント型が規則的に反復されている。

Exercise 55　Repeat

・● (弱強型)

examinee　　in case of rain　　I tried to study very hard.

● ・ (強弱型)

education　　Here today and gone tomorrow.

What on earth is Adam doing?

・・● (弱弱強型)

the police　　Let me see.　　I can see if I squint.

● ・ ・ (強弱弱型)

beautiful　　physical scientist

How can you do such a thing to me, Natalie?

アクセントの移動

すでに述べたように，英語のリズムは強アクセントの等時性によるが，その結果英語では第一アクセントどうしがあまり接近しすぎると，可能な限り互いに離れようとする傾向が生じる。これをアクセントの移動（accent shift）という。

The girl is Japanese.　　I'll see you this afternoon.

上の文では第一アクセント間の距離が適当に保たれているが，a Jàpanése gírl, afternóon téa では第一アクセントが接近してリズムの等時性が損なわれるので，始めの語の第一アクセントを前方にずらして

相互の第一アクセントの間隔を適当に保とうとする力が働く。その結果，前の語の第一アクセントと第二アクセントが入れ替わったり，次の語の直前の第一アクセントが第二アクセントに下がったりすることがある。形容詞＋名詞の組み合わせによくみられる。

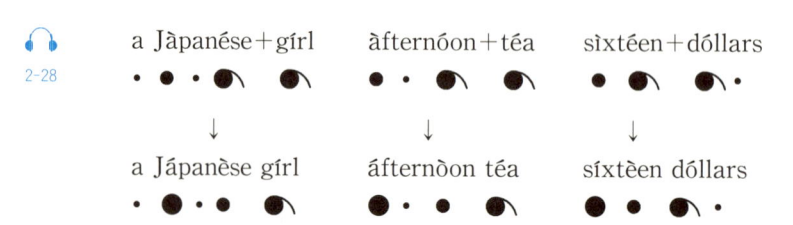

a Jàpanése + gírl　　àfternóon + téa　　sìxtéen + dóllars

↓　　　　　　　↓　　　　　　↓

a Jápanèse gírl　　áfternòon téa　　síxtèen dóllars

アクセントの移動は必ず起こるというものではなく，上のような場合でもアクセントを移動させないで話す人も多い。

◆リズムのために語をはさむ◆

アクセントの移動が可能になるためには，第一アクセントの前にそれと交替できるような第二アクセントを受けた音節がなければいけない。しかし，単語が１音節しかないときは，アクセントを移動させることができない。そのような場合，第一アクセントが接近しないように，辞書的な意味を持たず弱く発音される語を間に入れたり，アクセントを担う語を付け足してアクセントを移動させたりすることがある。

póor gírl
　→　póor òld/ðʊl/ gírl
bíg béar
　→　gréat bìg béar

9. イントネーション

　文全体に及ぶピッチの変動を，**イントネーション**（intonation）と呼ぶ。イントネーションは話者の気持ち，例えば熱意・怒り・恐怖・関心・無関心・自信の有無などを相手に示す。また，文が伝える情報のどの部分が重要かを聞き手に伝えるという役割をもつ。そして，イントネーションは書きことばの句読点の役割も果たし，句・節・文などの切れ目や主節と従属節の関係などを明らかにするはたらきもする。

　イントネーションに関しては日本語と英語とで共通している部分もあるが，英語独特のイントネーションの型というものもある。学習者は，英語を完全に理解したり相手に正しく伝えたりするためには英語のイントネーションの型が何を意味するのか，理解していなければならない。

音調群

　イントネーションを考えるときに，発話を**音調群**（tone group）という単位に分けることがある。普通は節や文が1つの音調群を成すが，話者の意図によってさらに細かく区切ることもできる。例えば人前での演説のように格式ばった話し方のときや，一語一語を強調して相手を諭すような話し方の場合は，テンポが遅く，音調群は細かく区切られる。音調群を｜で区切って示すと，例えば以下のようになる：

|John, | are you coming to the party with us? |
| I hope to be able to. |
| You're bringing the apple pie, | aren't you? |
| Yeah. |
| By the time he arrived, | the party was over. |
《演説で》| Ask not | what America will do for you, | but what together we can do | for the freedom of man. | 《J. F. Kennedy》
《選挙のスローガンで》| Yes, | we | can! |

音調群の構成

各音調群は次のような部分によって構成されている。図の上下の線はそれぞれ話者の声域（register）の上限と下限を示し，ピッチはこの範囲内で変動するが，声の絶対的な高さは成人と子供，男女，個人によって差があり，コミュニケーション上は重要ではない。重要なのは，1つの音調群につき1つ存在する核（nucleus）がどこにあり，そこで起こるピッチの急激な変化の方向がどのようになっているか，である。

I'm studying law at the university.

頭部　　　　核　尾部

核（nucleus）：ピッチが急激に下降または上昇する音節。
頭部（head）：核より前のすべての音節
尾部（tail）：核より後に続くすべての音節

1つの音調群の中では核は必ず存在するが，次に示すように頭部や尾部は無い場合もある。

頭部が無い例：　　　尾部が無い例：　　　核だけの例：
Look at it.　　　　I took a good look.　　Look!

核は，音調群の中の，新しい情報を伝える部分の最後の内容語の，第一アクセントを受ける音節に置かれることが多い。[1] また，頭部の中の強いアクセントを受ける音節（●で表されている）は，弱音節（・で表されている）よりもピッチが高くなるのが普通である。

|Let me introduce myself.|

―――――― 新情報 ――――――
最後の内容語：introduce

|My name is Paula| |and I'm a student at a university in Boston.|

――― 新情報 ―――　　　――――― 新情報 ―――――
最後の内容語：Paula　　　最後の内容語：Boston

Quiz 26 次の文の各音調群中で，核が置かれている音節はどこか，CDを聞いて判断しなさい。

|John,| |are you coming to the party with us?|
|I hope to be able to.|
|You're bringing the apple pie,| |aren't you?|
|Yeah.| |I sure am!|
|By the time John arrived,| |the party was over.|
|How disappointing!|

音調の種類

ピッチが急激に変動する音節が核となるが，その変動の方向には基本的に次の2つがある：

---

1) このルールの例外については pp.147-8 で触れる。

下降調 (fall)：● で示す。
上昇調 (rise)：●/ で示す。

また，これらの複合的な音調である下降上昇調 (fall-rise) がある。

下降上昇調 (fall-rise)：●＼ で示す。

下降調の場合，尾部が無いときは核のある音節内でピッチが下降するが，尾部があるときは核の中ではピッチは変わらず，代わりに尾部が声域の下限ぎりぎりの高さに停滞する：

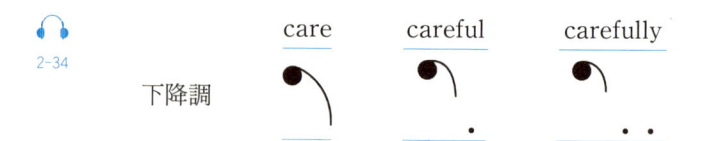

2-34　　　　　　　care　　careful　　carefully
　　　下降調

上昇調では，尾部が無いときは核のある音節内でピッチが上昇するが，尾部があるときは核のある音節は比較的低く，尾部が声域の上限に向かって徐々に上がっていく：

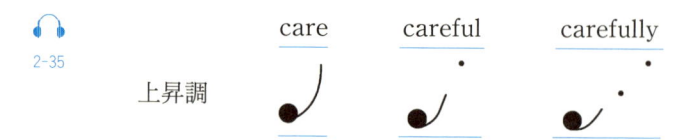

2-35　　　　　　　care　　careful　　carefully
　　　上昇調

下降上昇調では，尾部が無いときは核のある音節内でピッチが下がってから続けて上昇するが，尾部があるときは核のある音節で下がり始めて，尾部を使って徐々に上がっていく：

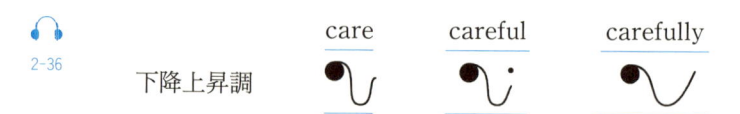

2-36　　　　　　　care　　careful　　carefully
　　　下降上昇調

これに対して日本語は高低アクセントを用いる言語のため，イントネーションのはたらきが英語ほどは目立たない。また，上昇調のときは最後の部分が少し上昇するだけである：

風邪をひきました。　　　　風邪をひきましたか？

このため，日本語話者は英語の上昇調において核の部分を低くして尾部を徐々に上げていくのが苦手である。

また，日本語には下降上昇調というイントネーションがないので，学習者はよく練習する必要がある。

Quiz 27　CD を聞いて次の文の音調を判断しなさい。なお，punctuation は省略してある。

1．Yes　2．No　3．Really　4．Sorry
5．Can you repeat that
6．How did you do that
7．Dad has given up smoking
8．When John arrived at his friend's house
9．the party was over
10．What a pity

各音調の用法

次に，下降調，上昇調，下降上昇調のイントネーションがどのような場合に用いられるかをみる。以下，下降調は核を含む語の直前の↘，上昇調は↗，下降上昇調は∨で示し，核のある音節は太字の大文字で表わす。

下降調の用法

下降調は「完結」，「断定」が基調である。文末で最も頻繁に使われる音調である。下降調を使うとき，話者が伝えた情報は完結していて，その情報に関して話者は迷いや遠慮がなく，自信を持っているという気持ちである。したがって下降調は事実や情報を伝える平叙文，目下の者に対して下す命令文，自分が感じたままを述べる感嘆文に使われる。また，疑問詞で始まる疑問文にも下降調が使われるが，これはその疑問詞

によって特定されるある情報を相手に要求することがこの種の文の発せられる目的であり，迷いの気持ちから聞いているというわけではないからである。

1. 平叙文
 It's ↘**SNOW**ing.
 The pho**net**ics **class** will be**gin** at **nine** ↘o'**CLOCK**.
2. 命令文
 ↘**WAIT**!
 Sit ↘**DOWN**!
3. 感嘆文
 ↘In**CRED**ible!
 How ↘**WON**derful!
4. 疑問詞で始まる疑問文
 Why did you ↘**SAY** that?
 How can you be so ↘**SURE**?

Exercise 56　以下の文を下降調で読み，CD で確認しなさい。

The **mor**ning **les**son **starts** at ↘**NINE**.
Don't be ↘**LATE**!
I ↘**WON'T**
Well ↘**DONE**!
Why didn't you **bring** your ↘**TEXT**book with you?

上昇調の用法

　上昇調は，情報が「未完結」,「不確実」であるというのが基調で，したがって文中や，情報を完結させるために相手になんらかの返答を求めるときに用いられる。また，そのようなことから派生して，驚きや反発など，「信じられない」という気持ち，迷い，遠慮も表す。例えば相手の言ったことばをおうむ返しに問い返すとき，あるいは自分では判断しかねるので相手に答えを求める yes/no 疑問文などに上昇調が用いられる。

また，断言的な口調の下降調と違い，相手に返答の余地を残す上昇調のイントネーションは柔らかな印象を与えるので，依頼や勧誘にも用いられる。

1．yes か no を求める疑問文
   Did you ↗**SAY some**thing?
   Are you **com**ing to the ↗**PAR**ty with us?
2．形は平叙文だが内容は疑問文。答えを求めるというよりは驚きや反発の気持ちが含まれていることのほうが多い。
   You **saw** a ↗**GHOST**?!
   That little **thing** cost **fif**ty ↗**DOL**lars?!
3．相手のことばをおうむ返しに問い返すとき。これも驚きや反発の気持ちを表す。
   (Did you know that Jenny sold her violin?)
   Jenny **sold** her ↗vio**LIN**?!
   (Guess what. Peter's coming to the meeting.)
   Peter is **com**ing to the ↗**MEET**ing?
4．依頼や勧誘
   ↗**SOR**ry?（「なんて言ったのですか？もう一度言ってください」の意）
   Can you **wait** for me in the ↗**LOB**by?
   Won't you **come** and ↗**SIT** with me?
5．断定的な口調を和らげたいとき
   I'm **not go**ing to **tell** you the ↗**AN**swer!
   How can you be so ↗**MEAN**?
6．呼びかけ
   ↗**MI**chael?
   ↗Hel**LO**?

下降上昇調の用法

下降上昇調は下降調と上昇調が合わさった複合的な音調で，英語特有のものである。下降上昇調の基調もまた，下降調の「断定」と上昇調の

「不確実」や「未完結」が組み合わさったもので，陳述文に控えめな感じを持たせたり，命令や警告を和らげるほか，意見を述べつつも「しかし……」と言外の含みを持たせたり，言外の他の事物との対比を表したりするときに使われる。また，下降上昇調は「断定」しながらも「未完結」な性質を合わせ持っているので，文の途中で用いられて発言がまだ続くという合図になる。

1. 陳述文に控えめな感じを与える
   I'm **not** that ∨**RICH**.
   The **town** is **not very** ∨**FA**mous.
2. 命令や警告を和らげる
   Keep off the ∨**GRASS**!
   Don't ∨**TALK**!
3. 言外の意味を伝える
   He's ∨**NICE** ... (but I don't like him).
   I'd ∨**LIKE** to **go** (but I can't).
4. 言外の他の事物との対比
   I **can** ∨**READ Eng**lish (but I can't speak it).
   I **like** ∨**AP**ples (but not pears).
5. 発言がまだ続くという合図
   | I **want**ed to **go out** ∨**SHOP**ping | so I **went** to the ↘**BUS stop**. |
   By the **time** the po**lice** had ∨ar**RIVED** ...

特殊なイントネーション

1．核が音調群の最後の内容語ではない例

p.141 では，イントネーションの核はふつう音調群の中の，新しい情報を伝える部分の最後の内容語の，第一アクセントを受ける音節に置かれると書いた：

|I'm **stud**ying **law** at the ↘uni**VER**sity.|

しかし，これが What are you studying at the university? という質問に対する答えになると，新情報は law であり，核は law に置かれる：

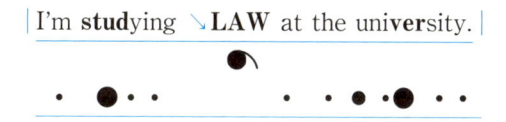

|I'm **stud**ying ↘**LAW** at the uni**ver**sity.|

(旧情報である I'm studying と at the university は省略可能で Law. とだけ答えることもある。)

このように，核は最も重要な情報を浮き彫りにするはたらきをもっているので，内容語，機能語を問わず，ある語に核を置くことによってその語を強調したり，核を複数の場所に置いて対比を表したり，相手に選択肢を示したりすることができる。

Exercise 57　Repeat.

強調：|He ↘**DID go** to the **den**tist's that **day**.|

対比：|**John likes** ↘**TEN**nis,| but ↘**JEN**ny| **likes** to **watch** ↘**FOOT**ball.|
|∨**JOHN**| **likes** to ↘**PLAY ten**nis,| but ↘**JEN**ny| **only** ↘**WATCH**es.|

選択疑問：|Do you **want** ↗**COF**fee,| or ↘**TEA**?|

文全体が新情報でも，最後の内容語に核が置かれない場合がある。主語（S）＋動詞（V）の構文で，最後の内容語である動詞ではなく，名詞（句）に核が置かれる。述部の動詞は人や物の出現，退去，紛失を意味する自動詞であることが多い。

Exercise 58　Repeat.

　　The ↘**KING** has **died**.
　　The ↘**TRAIN'S com**ing.
　　My ↘**PURSE** has been **stol**en!

　また，述部の動詞が，主語の名詞と結びつきが強く何が続くか推測できるような場合も，最後の内容語である述部の語ではなく，名詞（句）に核が置かれる。

Exercise 59　Repeat.

　　The ↘**PHONE'S ring**ing.
　　The ↘**KET**tle's **boil**ing.
　　(The **phone's** ↘**RING**ing.のように動詞に核を置くと，「鳴らないはずの電話が鳴っている」，という意味になる。)

　大まかな時間を表す語句には，強調や対比の用法以外では核が置かれない：

Exercise 60　Repeat.

　　I **met Su**san at the ↘**STA**tion this **mor**ning.
　　Are you at**tend**ing the ↗**MEET**ing this after**noon**?
　　There's **go**ing to be an ↘**eXAM** to**day**.

2．付加疑問文のイントネーション

　陳述文の後に付く付加疑問の音調は，相手に質問しているときは上昇調だが，単に念を押しているときは下降調が用いられる：

Comparison 24　Repeat.

　　| **John's com**ing to the ↘**PAR**ty, | ↗**IS**n't he? | 〈「来るの？」〉
　　| **John's com**ing to the ↘**PAR**ty, | ↘**IS**n't he? |
　　　　　　　　　　　　　　　　　　〈「きっと来るんでしょう。」〉

| You **know** the ↘**ANS**wer, | ↗**DON'T** you? | 〈「知っていますか？」〉
| You **know** the ↘**ANS**wer, | ↘**DON'T** you? |
〈「知っているのでしょう。」〉

Quiz 28　CDをまず1回聞き，次の文の音調群ごとの核はどこか，音節を指摘しなさい。次にもう1度聞いて，それぞれの核の音調が何かを指摘しなさい。

| What's going on | I can hear lots of noise |
| There're five or six cars parked in front of our house |
| Are they your friends |
| No | There seems to be a party | at the Johnson's house today |
| Don't tell me they're using our front garden as a car park |
| Well | it's only for a few hours |
| Then I suppose it's okay |

索　　引

ア行

明るい l　54
アクセント　102, 113, 119, 120, 136
アクセント核　120
アクセント型　120, 121, 122, 136
アクセントの移動　137
後舌母音　65
後舌面　18
r の二重母音　96
r の音色をした母音　86
異音　11
息　17
一般米語　4
咽頭　74
イントネーション　139
円唇母音　65
音声的類似点　12
音節　69, 109, 113
音節核音　69
音節主音　110
音節主音的子音　111, 120
音素　11
音素体系　13
音調　142
音調群　139
音連続　114

カ行

開音節　111
開母音　65
開放の省略　22
開放母音　70
かぎつきのシュワー　87
核　140
下降上昇調　142, 145
下降調　142, 143

過去形の -ed の発音　27, 28
硬い c　29
硬い g　30
気音　21
きこえ度　109
機能語　128
基本母音　66
逆行同化　116
強形　131
強勢　119
強調　131
共通語　3
狭母音　65
強母音　69, 102, 131
句アクセント　126
暗い l　54
語アクセント　121
口蓋垂　19
口蓋垂鼻音　49
硬口蓋　18
硬口蓋歯茎音　18
硬口蓋摩擦音　43
合成語　124
後舌母音　65
後舌面　18
高低アクセント　120
喉頭　15
高母音　65
声　15, 17
声の同化　116

サ行

三人称単数現在形の発音　37, 39
三重母音　69
子音　15
子音字　6

歯音　18
歯茎　18
歯茎音　18
歯茎たたき音　26,61
弱アクセント　102,119,120
弱形　107,131
弱母音　69,132
重子音字　9
上昇調　142,144
所有格の発音　37
唇音　18
進行同化　116
唇歯音　18
声域　140
声帯　15
声帯振動　23
声門　15
声門音　18
接辞　122
舌尖　16,26
舌端　18
接尾辞　104,123
狭い二重母音　91,93
前舌母音　65
前舌面　18
側音　19,54
側面破裂　112

タ行
第一アクセント　102,119,120
第一次基本母音　67
第二アクセント　102,119,120
第二次基本母音　67
対比　131
濁点　20
たたき音　19,26,28,61,113
脱落　115
短音　7
短母音　69,70,71
単母音　88
中舌母音　65
中母音　65
長音　7
調音位置　15

調音位置の同化　116
調音器官　16
調音様式　15
長母音　69,70,79
低母音　65
同化　116
等時性　135
頭部　140

ナ行
内容語　128
中舌母音　65
軟口蓋　18
軟口蓋音　18
二重母音　69,70,88

ハ行
拍　120
歯茎　18
歯茎音　18
歯茎たたき音　26,61
破擦音　19,45
派生語　122
破裂音　18
半弱母音　108
半母音　19,57,95
非円唇母音　65
鼻音　19,49
鼻腔破裂　112
ピッチ　119,120,124
BBC英語　4
尾部　140
広い二重母音　91,93
複合語　124
複合語アクセント　124
複数形の発音　37
文アクセント　129
閉音節　111
閉鎖音　18,21
母音　65
母音字　6
放送網英語　4

マ行
前舌母音　65
前舌面　18
摩擦音　18,31
無声音　17
無声化　23,56
無声子音　17
モーラ　120

ヤ行
軟らかいc　29
軟らかいg　30
融合同化　117
有声音　17
有声子音　17
容認発音　4
抑止母音　70

ラ行
リズム　135
両唇音　18
両唇摩擦音　43

ワ行
わたり音　51

BBC English　4
General American　4
Lingua Franca　3
Network English　4
rの二重母音　96
rの音色をした母音　86
Received Pronunciation　4

[著者紹介]

竹林　滋（たけばやし　しげる）
1926年東京都生まれ。1948年東京外国語学校英米科卒業。1953年東京大学英文科（旧制）卒業。1958年同大学文学部大学院（旧制）を満期修了。元東京外国語大学名誉教授。専門は音声学・辞書学。2011年逝去。

清水あつ子（しみず　あつこ）
1948年東京都生まれ。1970年東京外国語大学英米語学科卒業。1974年同大学院外国語研究科修士課程修了。現在，明治大学名誉教授。専門は英語音声学。

斎藤　弘子（さいとう　ひろこ）
1960年東京都生まれ。1982年東京外国語大学英米語学科卒業。1985年同大学院外国語研究科修士課程修了。1993年英国 University College London 音声学・言語学科修士課程修了。現在，名古屋外国語大学教授，東京外国語大学名誉教授。専門は英語音声学。

改訂新版　初級 英語音声学
ⓒ Shigeru Takebayashi, Atsuko Shimizu & Hiroko Saito, 2013

NDC831／xi, 153p／21cm

初版第1刷	2013年9月20日
第11刷	2025年4月1日

著者	竹林　滋／清水あつ子／斎藤弘子
発行者	鈴木一行
発行所	株式会社　大修館書店
	〒113-8541 東京都文京区湯島2-1-1
	電話03-3868-2651（営業部）　03-3868-2294（編集部）
	振替 00190-7-40504
	[出版情報] https://www.taishukan.co.jp

装丁者	下川雅敏
印刷所	壮光舎印刷
製本所	ブロケード

ISBN978-4-469-24581-3　Printed in Japan

Ⓡ本書のコピー，スキャン，デジタル化等の無断複製は著作権法上での例外を除き禁じられています。本書を代行業者等の第三者に依頼してスキャンやデジタル化することは，たとえ個人や家庭内での利用であっても著作権法上認められておりません。

　本CDに収録されているデータの無断複製は，著作権法上での例外を除き禁じられています。

新装版 英語音声学入門	竹林　滋　著 斎藤弘子	A5 判・242 頁＋CD
日本人のための英語音声学レッスン	牧野武彦 著	A5 判・178 頁＋CD
新装版 英語の音声を科学する	川越いつえ 著	A5 判・226 頁＋CD
実践音声学入門	J. C. キャットフォード 著 竹林・設楽・内田 訳	A5 判・308 頁
音声学概説	P. ラディフォギッド 著 竹林滋・牧野武彦 訳	A5 判・384 頁
国際音声記号ガイドブック	国際音声学協会 編 竹林滋・神山孝夫 訳	A5 判・336 頁
英語音声学・音韻論	P. ローチ 著 島岡丘・三浦弘 訳	A5 判・306 頁

大修館書店